公文書問題
日本の「闇」の核心

瀬畑 源
Sebata Hajime

a pilot of wisdom

はじめに　行ったことの検証を疎《おろそ》かにすることは、同じ過ちを繰り返すこと

ずさんな公文書管理

二〇一七年は、公文書管理に関する問題が次々と明らかになった年でした。

南スーダン国際平和協力業務（ＰＫＯ）における現地部隊の「日報」が短期間で破棄されていたこと、森友学園に八億円の値引きをされて国有地が売却されていた経緯がわかる文書が存在しないこと、愛媛県今治市に国家戦略特区として獣医学部を新設する計画において、内閣府側からの圧力に関する文部科学省文書がリークによって公開されたこと。

これらの問題は、安倍晋三《あべしんぞう》政権を大きく揺さぶり、盤石を誇った安倍首相の支持が揺らぐ事態になりました。

これらの問題の原因には、安倍政権の本質があるのではないでしょうか。野党から追及されてもきちんと説明を行わずにごまかそうとする首相や閣僚の姿勢が、公文書管理のずさんなあり方とリンクしているように見えます。

本文中で何度も触れますが、安倍政権の閣僚たちは、問題の原因が公文書がきちんと管理されていないことにあるにもかかわらず、公文書管理制度の改革に取り組むどころか、管理はきちんとされていると開き直る発言が非常に多いのです。安倍政権には、公文書管理制度をより良くしようとする発想がほとんどないことに疑いはありません。

公文書管理制度の歴史

ですが、公文書管理のずさんさには、もっと根深い歴史が潜んでいます。著者は本書から三年半ほど前に、同じく集英社新書から、信州大学の久保亨教授と『国家と秘密——隠される公文書』を出版しました。その中で、明治以降から現在までの公文書管理制度を概観し、公文書管理がずさんである歴史的な理由について書きました。その内容に少し触れておきましょう。

明治期の公務員は、「天皇の官吏」であったことから、国民に対する説明責任を負っていませんでした。そのため、自分たちが作成する公文書の管理方法は、自分たちが必要だと思うものは残す、必要ないものは捨てるという考えに基づいていました。したがって、政策の実行に必要な決裁文書は網羅的に残りますが、その政策を決める途中過程の文書の多くは不要として廃棄されていったのです。彼らにとっては「決まったこと」が重要なのであって、決める過程の文書は不要なものでした。結果として、途中過程が重要な文書と認識される外務省などの行政機関以外では、途中過程の文書は公文書としてあまり残りませんでした。

敗戦後、日本国憲法において、公務員は「全体の奉仕者」とされ、国民に対して責任を負うことになりました。しかし、米国は占領を円滑に行う必要から、官僚制の多くを温存したため、国民に対する責任という考え方はあまり定着しませんでした。また、自民党による保守政権が続いたこともあり、情報を自民党の政治家と公務員で独占することが意図的に行われてきました。自民党は、情報は権力の源であることをよく知っている政党です。そのため、自民党政権が続く中で、公文書の公開を制度的に保証する情報公開制度の整備は、遅々として進みませんでした。

自民党が下野した一九九三年から、情報公開法の制定が政治課題となり、最終的には二〇〇一年から施行されることになります。これにより、公文書へのアクセス権が国民に保障されることになりました。インターネットの発展とも相まって、多くの行政の情報がウェブ上で公開されるようになり、以前と比較して格段に公文書へアクセスしやすくなりました。

しかし公務員の中には、情報公開制度を快く思わない人たちが一定数いました。自分たちの仕事を批判されることをおそれたり、情報公開への対応を面倒だと考えたりするようなケースです。その結果、情報公開請求の対象となる「公文書」を限定し、「私的メモ」と言われるような「公文書ではない文書」を作成する慣習ができていきました。また、請求されることをおそれて議事録を作らなくなるとか、政策を決める途中過程の文書をさらに残さなくなることも起きるようになりました。

そのために、公文書をきちんと管理する法律が必要だという声が高まりました。その時、ちょうど公文書管理制度に関心があった福田康夫衆議院議員が首相に就任したことで法案整備が進み、公文書管理法は二〇〇九年に国会で成立し、二〇一一年から施行されることになりました。公文書管理法は、文書の作成から、整理、保存、そして保存期間が満了した際に永久保存するか廃棄するかまで、いわゆる「文書のライフサイクル」のすべてを法律でルール化するためのものでした。

しかし、公文書管理法が施行されてから約七年が経過しようとしていますが、未《いま》だに公文書管理法の精神が徹底されていないことを痛感します。

公文書管理制度の核心

では、なぜ公文書はきちんと管理されなければならないのでしょうか。

公文書は、第一義的には、公務員が職務遂行の必要から作成するものです。公務員が出す処分や指令などは、文書によって行われなければなりません（文書主義）。ですから、仕事を行うために必要な文書を公務員は作成することになります。

ただし、文書を作成する理由はこれだけにとどまりません。公務員は、自分が責任を負う立場の人に対して、行った職務を説明する必要があります。その説明をすることで、行われた政策が適当であったのかといった正当性が検証されることになります。

近くでは上司や大臣（政治家）になりますが、「全体の奉仕者」である以上、国民に対して説明責任（アカウンタビリティー）を有することになります。その説明責任を果たすために、文書はきちんと作成され、管理される必要があるのです。

しかし、なかなかこういった説明責任の認識は公務員に根付いていきません。公務員から説明を直接に受けることが多いのは政治家ですが、与党であることが長い自民党は、「由《よ》らしむべし知らしむべからず」の考え方が非常に強い政党なので、文書に基づいて国民に対して説明責任を果たそうと考える人が多くありません。むしろ、口利きなどによる不当な政治介入の証拠が残らないように、文書を作成してほしくないとすら考えている人もいるでしょう。公文書管理制度や公文書の公開を行うための情報公開制度への理解度は、一部を除いては非常に低いのが実情です。

説明責任を果たすためには、政策決定の「プロセスを明示する」ことが必要なはずです。口頭で説明するだけではなく、文書でもって説明されなければなりません。口頭ではいくらでもごまかすことは可能です。あくまでも証拠を挙げて、説明しなければ責任を果たしたことにはなりません。

繰り返しになりますが、日本においては、この「プロセスを明示する」ことに対する公務員や政治家の意識が極めて低いように思います。本書で詳しく紹介しますが、加計《かけ》学園問題などで明らかなように、プロセスが公開されず、文書がきちんと残らないがゆえに、特定の権力者によって行政が歪《ゆが》められることになるわけです。プロセスが常に明示されることが、不当な政治介入を抑えることになります。また、プロセスが可視化されることによって、市民が政策について議論したり、検証したりすることが可能になります。これこそが「民主」主義のあるべき姿です。

行ったことの検証を疎かにすることは、同じ過ちを繰り返すことにもつながります。プロセスの検証がきちんと行われ、それが他の政策にフィードバックされること。そうすることで、政治はより良くなっていくのです。どの政党を支持するか、どういった政治的な信条を持つかを問わず、公文書がきちんと残され、公開されることは支持できるのではないでしょうか。

本書が少しでも、公文書管理制度や情報公開制度の理解につながれば、筆者としては嬉《うれ》しい限りです。

本書は、『時の法令』(編集：雅粒社、発行：朝陽会、発売元：全国官報販売協同組合)の二〇〇〇号(二〇一六年四月三〇日)から二〇四〇号(二〇一七年一二月三〇日)まで隔号(月一回)連載された「公文書管理と日本人」に加筆修正をし、読みやすいように再編集したものです。

目次

表作成／クリエイティブメッセンジャー

第一部　情報公開と公文書管理はなぜ重要か

第一章　記録を作らない「法の番人」

内閣法制局長官の「強弁」

「内閣法制局における議論といいますのは、まさに法理についての議論でございます。そして、その一昨年（二〇一四年）七月一日の閣議決定で示された考え方が、現行の憲法第九条、さらにはこれまでの政府の憲法の考え方（中略）に整合するものであるかについては、もちろん議論、検討をしたわけでございます。ただ、それを議事録というような形で残すという性質のものではないと考えております」（二〇一六年一月二一日、参議院決算委員会）

「その事務は、当時を振り返れば、まさに与党間の協議の場、それの一環ということで、参考のために、お尋ねがあった憲法についての考え方について御説明をするというのが私どもの立場でございまして、与党協議の記録係として参加していたということではございません」（二〇一六年三月一六日、衆議院内閣委員会）

発言の主は横畠《よこばたけ》裕介内閣法制局長官。「法の番人」とまで言われる法制局のトップです。この答弁は、二〇一四年七月に行われた集団的自衛権行使容認の閣議決定について、事前に与党幹部と協議を行っていた横畠長官が、協議の記録を一切残していなかったことを正当化している場面。この閣議決定が、二〇一五年に大きな反対の中で成立した安保法制の元になったことは言うまでもありません。

これまで日本国憲法下での集団的自衛権を「違憲」として認めてこなかった内閣法制局の方針転換は、安保法制成立の大前提でした。そのため、安倍晋三首相は自分の息のかかった人間を長官として法制局に送り込むなど、露骨な政治介入を繰り返しました。横畠長官は、就任前は憲法解釈変更に慎重な立場でしたが、就任後は方針を転換し、与党幹部と積極的に協議を行い、憲法解釈変更に非常に大きな役割を果たしました。

しかし彼は、その解釈変更に関する検討過程の文書を一切作っていないというのです。この事実は、公文書管理や情報公開制度に精通した記者のいる「毎日新聞」が、二〇一五年九月二八日にスクープしたことで発覚しました。情報公開請求を法制局にかけてみたところ、閣議決定の案文や与党協議会の資料など、外部機関が作成した文書計三点しか、行政文書として保存していないことが明らかになったのです。

この中には法制局が「自前」で作った行政文書は「ゼロ」です。つまり、法制局はどのようにして憲法解釈を変えたのかということについて、理由のわかる行政文書を一切作っていなかったのです。

国会閉会中だったために、横畠長官はコメントを拒否して問題をやり過ごそうとしましたが、二〇一七年一月からの国会で何度もこの問題を野党から追及されました。特に追及されているのは、記録を残さなかったことが「公文書管理法」に違反しているのではないかという点です。

公文書管理法とはなにか?

では、「公文書管理法」とはどのような法律なのでしょうか。

公文書管理法の正式名称は、「公文書等の管理に関する法律」です。それは読んで字のごとく、まさに公文書を管理するための法律です。ここでいう「公文書」とは行政機関が作成する「行政文書」と独立行政法人等（国立大学法人や日本銀行なども含む）が作成する「法人文書」などを含んでいます。この法律では、文書の作成から管理方法、保存期間満了後の措置（永久に残すか廃棄するか）までの、いわゆる「文書のライフサイクル」が法定化されました。

以前より自民党の福田康夫氏がこの法律の成立に熱心であったため、首相就任後に法制化に取り組んだのです。当時、たまたま、「消えた年金問題」のような、公文書管理のずさんさが国民に実害を与えていた事例があったため、公文書管理法の制定が問題の解決手段として位置づけられた結果、二〇〇九年六月に与野党による修正の上、衆参本会議で全会一致で可決され、七月に公布されました。最終的にこの法律は二〇一一年四月から施行されました。

施行直前に東日本大震災があったため、あまり注目されずにスタートした法律でしたが、翌二〇一二年初めには原子力災害対策本部の議事録が未作成だったという問題が起き、さらに特定秘密保護法や森友学園問題、加計学園問題に関連して取り上げられることも多く、少しずつではありますが、存在自体は知られるようになってきました。

そして、前述の横畠長官の発言は、公文書管理法の第四条に違反しているのではないかという指摘を受けています。該当箇所は次の部分です（傍線筆者、以下同）。

行政機関の職員は、第一条の目的の達成に資するため、当該行政機関における経緯も含めた意思決定に至る過程並びに当該行政機関の事務及び事業の実績を合理的に跡付け、又は検証することができるよう、処理に係る事案が軽微なものである場合を除き、次に掲げる事項その他の事項について、文書を作成しなければならない。

一 （略）

二 前号に定めるもののほか、閣議、関係行政機関の長で構成される会議又は省議（これらに準ずるものを含む。）の決定又は了解及びその経緯

（以下略）

この条文は、文書の作成を職員に義務づけている部分ですが、「経緯も含めた」とあるように最後の「決定」だけを残せば済むというわけではありません。さらに閣議決定については「了解及びその経緯」を文書で作らなければならないのです。横畠長官は、閣議決定の案文が法制局にあるから「公文書管理法第四条の趣旨にも適合する、その範囲のものを適正に管理している」（二〇一六年三月一六日、衆議院内閣委員会）と国会で説明していましたが、公文書管理法第四条を見れば、その説明が明らかにおかしいことは一目瞭然《いちもくりようぜん》でしょう。

そもそも、公文書管理法の目的は第一条に次のように書かれています。長いですが非常に重要な文章ですので、全文を引用します。

この法律は、国及び独立行政法人等の諸活動や歴史的事実の記録である公文書等が、健全な民主主義の根幹を支える国民共有の知的資源として、主権者である国民が主体的に利用し得るものであることにかんがみ、国民主権の理念にのっとり、公文書等の管理に関する基本的事項を定めること等により、行政文書等の適正な管理、歴史公文書等の適切な保存及び利用等を図り、もって行政が適正かつ効率的に運営されるようにするとともに、国及び独立行政法人等の有するその諸活動を現在及び将来の国民に説明する責務が全うされるようにすることを目的とする。

公文書はまず「国民共有の知的資源」であり、「主権者である国民が主体的に利用し得る」ものであるとしています。そして文書を適切に保存・利用することで「現在及び将来の国民」への説明責任を果たすことが明記されているのです。この理念に基づいて先ほどの第四条は作られているわけです。

「説明責任」を「将来の国民」へも果たさなければならない以上、横畠長官はそれにみあう文書を作成する「責務」がありました。ところが、「協議過程を記録に残すべきだ」との質問に対して、自分は「記録係でない」とだけ反論しておけば済むと思っており、公文書管理法の理解度の低さには唖然《あぜん》としてしまいます。

そもそも、自分が職務を全うしたと考えているのであれば、むしろ堂々とどのように解釈を変更したか経緯を書き記して残すべきではないでしょうか。そうすることで、集団的自衛権を合憲と解釈した理路と事実を将来の国民にわかってもらう努力をするべきではなかったでしょうか。説明責任を放棄している姿勢を見るにつけ、「法の番人」としての内閣法制局の誇りはどこへいったのかと思わざるを得ません。

嘘《うそ》に嘘を重ね……

この法制局の文書未作成という事態に対し、公文書管理制度に理解のある岡田克也《かつや》民主党代表が、公文書管理法違反ではないかと質問主意書を提出していました。これに対する政府の答えは、内閣法制局は「適正に文書を管理している」というものでした（衆議院議員岡田克也君提出集団的自衛権行使容認の憲法解釈変更等に係る経緯に関する質問に対する答弁書。二〇一六年一月一九日）。また国会でも、菅義偉《すがよしひで》官房長官や公文書管理担当の河野太郎行政改革担当相も法制局の対応に問題はないとの説明に終始しています（「毎日新聞」二〇一六年三月一六日）。

政府は、もし横畠長官の文書管理のずさんさを認めてしまえば、安保法制の前提となる閣議決定の手続きの瑕疵《かし》が問われることとなり、集団的自衛権容認の正当性が揺らぐことを危惧しているのでしょう。そのため、明らかに公文書管理法に違反している行為を糊塗しようとしています。

そして、その結果、「法の番人」である法制局長官が、「意思決定過程の文書は作らなくていいのだ！」というメッセージを繰り返し吐き続けるという最悪の事態を招いています。こうして政治家との協議記録を官僚が残さないことが正当化されてしまった以上、同じように文書を作らずにごまかそうとする事態がほかでも続くことになるでしょう。

公文書管理法が施行されてから本書の刊行時点で七年近く経《た》ちます。法自体の認知度は上がっている一方、特定秘密保護法の制定やこうした横畠長官の「強弁」によって、法の理念が骨抜きにされるおそれが現実のものとなりつつあるのです。

しかし、日本を公文書管理法以前のような、ずさんな公文書管理の時代に逆戻りさせてはなりません。本書では、公文書管理制度にまつわるさまざまな問題を取り上げながら、どのようにすれば日本でこの法律の理念が定着するのかを考えていきたいと思います。

第二章　情報公開がなぜ必要か

マディソンの至言

情報公開法や情報公開条例は、現在では当たり前のように存在しています。条例の制定率はほぼ一〇〇パーセントであり、全国どこへ行っても、行政文書に対するアクセス権は保障されているのです。

ですが、そもそもなぜ行政に対する情報公開制度は必要なのかについては、思ったよりも知られていないのではないでしょうか。そこで本章では改めて、日本の情報公開法が制定されるまでの歴史を振り返ってみたいと思います。

ドイツの社会学者マックス・ウェーバーの『支配の社会学』によれば、官僚は自分たちの専門知識や政策意図を秘密にすることで他の政治勢力よりも優位な立場を築き、他者からの批判を受けないようにする傾向があるといいます。プロフェッショナルである誇りを持つ一方、専門的な情報を自分たちが独占することで、他者からの批判をすべて「素人のご意見」として跳ね返すことが可能になるということです。しかも、必要以上に秘密は作られ、「職務上の秘密」という官僚制特有の概念を振り回して秘密を守ろうとします。つまり、元から行政機関は情報を隠したがる傾向があるのです。情報を出せば出すほど、問題点や矛盾などが明らかになる可能性が高まります。よって、自分たちの政策を実行するためには、自分たちに都合の良い情報以外を秘密にする方がやりやすいのです。

よって主権者である国民は、この官僚たちが抱え込んでいる情報を出させることを目指すことになります。主権者が国の政治に対して何らかの判断を下す場合、政府が何を行っているのかがわかっていなければ判断しようがないからです。

米国では、この情報公開の理念を掲げる際に、ジェームズ・マディソン（第四代大統領）が一八二二年にW・T・バリーに宛てた手紙の一節がよく用いられます。

「情報が行き渡っていない、あるいは入手する手段のない『人民の政府』なる存在は、笑劇か悲劇の序章か、あるいはその両方以外のなにものでもない。知識は無知を永遠に支配する。だから、自ら統治者となろうとする人々は、知識が与える力で自らを武装しなければならない」（筆者訳）

主権者であろうとするためには、情報を入手して自らの考え方を鍛える必要があるのです。

米国情報自由法

行政に独占された情報の公開を求める動きは、第二次世界大戦後に各国で強まりました。特に世界的にも大きな影響を与えたのは、米国での情報公開運動です。米国では、戦時体制における政府の秘密主義に対する不満が、メディアを中心に高まっていきました。

一九五〇年に米国新聞編集者協会が「情報の自由に関する委員会」を設置し、翌年にジャーナリズム法の権威であったハロルド・クロスに、情報の自由に関する法の本格的な研究を委託しました。そして、クロスの研究成果である『国民の知る権利』（一九五三年）によって、「知る権利」という言葉が次第に人々の中に浸透していったのです。この「知る権利」は、民主主義が機能するために必要不可欠なものとして位置づけられていました。国民が自国の情報をきちんと知ることによって、より良い政治の実現のための活動が可能になるからです。

長年の運動の積み重ねにより、一九六六年に情報自由法が制定され、行政情報へのアクセス権が国民に保障されることになりました。しかし、安全保障関係の国家機密の公開へは消極的な態度が目立ち、裁判所も、最高機密文書につき行政側の非開示判断の是非は審査しないとの態度を取りました。そのため、メディアを中心として法制度が不十分であるとの批判が強まったのです。

一九七一年、「ニューヨーク・タイムズ」は、過去のベトナム政策をまとめた国防総省の秘密報告書（「ペンタゴン・ペーパーズ」と呼ばれる）をスクープし、ベトナム戦争を本格化するきっかけとなったトンキン湾事件が米国の謀略であったことなど、歴代の大統領が国民に隠していた事実を次々と明らかにしました。また、野党民主党の事務所に盗聴器を仕掛けようとしたことの発覚に端を発するウォーターゲート事件が起き、ニクソン大統領が、捜査妨害などを理由として連邦議会によって弾劾されることになり、辞任に追いやられました。

連邦議会は、大統領の行政特権やＣＩＡやＦＢＩの非合法活動に歯止めをかける必要があると考え、情報自由法を一九七四年に大幅に改正しました。これによって、最高機密であっても、その秘密指定自体が適切かどうかの是非を裁判所で問えるようになるなど、情報公開がより徹底されることになったのです。

日本の情報公開運動

日本で情報公開に関心が寄せられていくのは、一九七〇年代になってからです。米国の情報自由法制定の動きが紹介されたことや、一九七一年の外務省機密漏洩《ろうえい》事件（西山事件）をめぐる議論の中で、次第に「知る権利」が知られるようになっていきました。

さらに、大気汚染や水質汚濁などの公害問題やスモンなどの薬害問題、食品の安全の検証といった市民運動が盛んとなり、データ公表を拒む行政機関に対する反発が強くなっていきました。また、ロッキード事件やその他の汚職事件において、真相を追究しようとする国会に対し、行政側が「守秘義務」を理由として情報提供を拒絶したことも大きな問題となりました。この結果、市民運動からの要求だけでなく、社会党や共産党、公明党、新自由クラブなどの主要野党のほとんどが、情報公開法制定を公約に掲げるようになったのです。

一方、与党自民党は、情報公開法制定に極めて消極的でした。一九五〇年代から一貫して政権を取り続けていた自民党は、官僚と族議員がコンビを組んで情報を独占し、利益誘導政治を全国的に展開していたからです。自民党や官僚にとって、情報の独占は権力の源であり、情報公開制度自体を忌避する傾向にありました。

一九七〇年代後半、自民党は「大福戦争」という大平正芳と福田赳夫《たけお》などによる権力闘争が激化して分裂状態となり、議席数も与野党で伯仲する状況になりました。そのため、大平首相は、野党の新自由クラブに情報公開法制定に努力することを約束して支持を求めました。そして、翌年一月の施政方針演説で情報公開法の制定を打ち出したのです。しかし、その後大平が急死し、自民党の議席が回復したこともあり、法制定は棚上げとなってしまいました。

一方、地方自治体での情報公開条例制定の動きは活発化しました。中心となっていたのは、長洲《ながす》一二《かずじ》神奈川県知事、武村正義滋賀県知事、畑和《はたやわら》埼玉県知事といった、市民運動とのつながりが強い知事たちでした。特に神奈川県の取り組みは全国でも注目を集め、条例化こそ一九八二年三月に山形県最上郡金山町《かねやままち》に先を越されましたが、同年一〇月に都道府県として初めての情報公開条例を制定したのです。

情報公開運動に携わった人々は、米国では、州などの地方から先に情報公開制度が作られ、最終的に情報自由法につながっていったことを知っていました。そこで、全国各地で情報公開条例を作り、国へプレッシャーをかけていこうとしたのです。そして、神奈川県をモデルとして、全国で情報公開条例の制定が広がっていきました。この情報公開条例は、各地で行政監視のために利用されました。特に市民オンブズマンによる交際費や食糧費への情報公開請求は、官官接待やカラ出張を暴くといった成果をあげ、情報公開制度の意義を多くの人々に認識させる役割を果たしました。

情報公開法制定

情報公開法の制定が国政の重要課題と位置づけられたのは、一九九三年に自民党が下野し、細川護熙《もりひろ》連立内閣が成立してからです。細川内閣の連立合意書には「行政情報公開の推進」が書き込まれ、情報公開法の制定が政府の方針となったのです。

なおこの時、情報公開法制定は、各行政機関の反対を押し切るために、「行政改革の一環」として位置づけられました。情報公開法は行政の「透明性を飛躍的に拡大」させるものでありますが、権力官庁と言われる警察庁や検察庁、国税庁を始めとして、外務省や防衛庁などからも必ず抵抗が起こります。だからこそ「行政改革」という旗印を掲げることによって、情報公開法制定を既定路線にすることが必要だったのです。

この位置づけによって、自民党が政権に返り咲いた後も、連立の一角である新党さきがけが情報公開法推進を強く主張したこともあり、既定路線となって検討が続きました。一九九五年一二月、高速増殖炉「もんじゅ」で冷却剤のナトリウムが漏れて火災が発生した際に、動力炉・核燃料開発事業団が事故直後の映像を編集して公開し、事故を小さく見せようとしたことが発覚しました。翌年一月には、以前から大きな社会問題となっていた薬害エイズ問題に関する重要な資料が「発見」され、翌二月、菅直人《かんなおと》厚相がそれを公開して謝罪する事件がありました。これらの一連の情報隠しは、情報公開法の必要性を改めて強く認識させることになったのです。

また、市民運動だけでなく財界関係者も、国がビジネスに必要な情報すらも独占していることへの不満から、情報公開法賛成に回りました。米国政府も、一九八〇年代から同様の理由で、情報公開法制定を日本政府に求めていました。

ただ、一九九八年に情報公開法案が閣議決定されてから、国会で三度も継続審議になるなど、自民党の消極的な態度は続きました。しかし、制定を求める動きは無視できない大きさになっており、一九九九年に情報公開法は制定され、二〇〇一年から施行されることになったのです。

二〇一八年、本書刊行現在、この情報公開法が施行されて約一七年の月日が経過しました。本来ならば不十分な箇所を修正し、より良い法律を目指す必要があります。民主党政権下で改正案が作られましたが、東日本大震災でそれが流れてしまい、政権復帰した自民党には改正する意欲がありません。「知る権利」を求める道は、まだ半ばなのです。

第三章　公文書を残さなければ国益を損なう
――ＴＰＰ文書・外交文書公開をめぐる議論

ＴＰＰ文書の情報開示

すでに二〇一七年一月に米国トランプ政権が交渉からの「永久の離脱」を宣言し、発効の目途が立っていない環太平洋戦略的経済連携協定（ＴＰＰ）ですが、二〇一六年時点では、安倍政権主導で国会で議論が活発に行われていました。この中には、外交文書の扱いを考える上で大事な論点がありました。

まず、二〇一六年四月五日に衆議院で関連法案の審議に入りましたが、冒頭から「交渉過程の文書を出すか出さないか」という根本的なところで審議が滞っていました。

そもそものきっかけは、三月三〇日に民進党の山井和則国会対策委員長代理が、記者会見において、内閣官房TPP政府対策本部（以下「対策本部」）から受領した「甘利前大臣とフロマン代表との交渉について」という文書を公開したところから始まります。この文書は次のように書かれていました。

○甘利前大臣とフロマン代表とのバイ会談の内容については、内閣官房TPP政府対策本部の一部の幹部職員のみで共有。記録は作成していない。

○日米閣僚協議を含む、閣僚交渉会合に当たっては、その時点での交渉結果を踏まえたハイレベルの調整を行うため、交渉前後に、交渉に係る論点等を整理した文書を作成している。

○また、閣僚交渉会合に先立ち、TPPに関する主要閣僚会議（※）を開催、交渉に係る論点等について説明（文書は回収）、議論を行っている。

※官房長官、経済再生大臣、外務大臣、財務大臣、農水大臣、経産大臣、官房副長官が出席（必要に応じ総理も出席）

山井議員は、これに関連して関係省庁から説明を聞いたところ、甘利明経済再生担当大臣（TPP担当）とフロマン米通商代表部代表との間の交渉について、メモや記録が一切残されていないとの説明を受けたと述べました。

翌日の三一日に発足した民進党TPP交渉過程解明チームの会合において、対策本部は、交渉記録はないが、「交渉前後に、論点等を整理した文書を作成している」と補足説明をしました。これは、引用した第二項の「日米閣僚協議」に甘利・フロマン会談が含まれるということです。ただし、「記載内容がいずれも、相手国の具体的な主張を想起させる」として、文書の公開を拒否したのです。

民進党がこれに抗議したところ、四月五日に、日付と表題以外がすべて黒塗りにされた文書が開示されました。政府の説明では、TPP交渉には各国との「秘密保持契約」があり、協定発効から四年間は交渉中の文書は表に出せないため、日本政府の判断で公表できないとのことでした。その結果、交渉過程が情報開示されることがないまま、審議が空転するという事態になったのです。

外交文書を残すことの意味

この一連の政府と民進党とのやりとりから、「公文書」をめぐる問題を二つ述べます。

まず、甘利・フロマン会談の記録が存在しないという問題。対策本部は、会談内容は「一部の幹部職員のみで共有」しているので「行政文書（公文書）ではない」と説明しています。

公文書管理法における「行政文書」の定義は、①行政機関の職員が職務上作成・取得したもの、②組織的に用いるもの、③その機関が保有しているもの、という三つの要素を満たしたものとされます（第二条第四項）。①はプライベートで作った文書は含まれない。②は組織で共有しているもののみが対象とされ、例えば電話を受けたときのメモなどは行政文書に含まれない。③は廃棄した文書などは含まれないということです。

対策本部は「一部の幹部職員のみで共有」＝「組織全体で共有していない」から②に該当せず、この記録は「行政文書ではない」と解釈しているようです。彼らは、行政文書の範囲を狭く捉え、「上司の決裁を受けていない」「回覧をしていない」ものは行政文書とみなさないという考えなのでしょう。ちなみに、このような考え方は、対策本部に限らず、官僚組織一般でよくある事例なのです。

ですが、公文書管理法の運用基準である「行政文書の管理に関するガイドライン」によれば、「国務大臣を構成員とする会議又は省議」においては、「開催日時、開催場所、出席者、議題、発言者及び発言内容を記載した議事の記録を作成」することが義務づけられています。甘利氏は国務大臣であり、この項目に準じて議事の記録が作成されるのは当たり前のことでしょう。「記録がない」という主張自体がそもそもおかしいですし、「一部の幹部職員」が「共有」している以上、②を満たすと解釈すべきものです。

また、外交交渉において記録を残さず、相手側にのみ詳細な記録が残っているというケースは、国益を損ねるおそれがあります。

外交は決定事項だけが重要なのではなく、どのような過程を経てその結果に至ったのかが、その決定の解釈を限定する際に必要不可欠な情報となります。文書には、作成した国にとって必要な情報が記載されるため、中立的な立場で書かれたものではありません。そのため、歴史研究においては、双方の文書を突き合わせて研究をすることが必要不可欠となるのです。もし自国の資料が残っていなければ、必然的に相手国の解釈で書かれた文書を用いて歴史を書かなければならなくなります。これは結果的に、相手の歴史観に合わせざるを得ない状況になるのです。

「石井・ランシング協定」などで知られる戦前の著名な外交官、石井菊次郎は、かつて後輩たちに「書類整備ノ完否ハ結局、外交ノ勝敗ヲ決スルモノナリ」と述べました（「外務省官制及内規関係雑件　調査部設置関係」外務省記録M.1.2.0.2-1）。外交文書をきちんと作成して管理をしておくことが、外交交渉において非常に重要であるというのです。つまり、公文書をきちんと残さないと、国益を大きく損ねることになりうるのです。

外交文書の公開のあり方

次に取り上げたいのは、ＴＰＰの交渉文書を「公開するか否か」です。

外交交渉のすべてを逐一公開することは、交渉の妥結を困難にさせます。外交は、一方の主張が一〇〇パーセント通ることなどないため、どこかで自分たちが不利になる条件も飲まざるを得ません。ですから外交に携わる政治家は、国民が一定の不利益を被るとしても、それを上回るメリットを考えて決断を下すことがあるのです。

その場合、政治決断を国民に理解してもらうための最大限の努力が必要となります。独裁国家ではない以上、決断に至る経緯を公開するなど、自らの政治判断を支持してもらえるように説明責任を果たすことが求められます。当時、民進党が安倍政権に求めていたのは、まさしくその「説明責任」なのです。

しかし、このTPP交渉では、政府が説明しているとおり「秘密保持契約」が結ばれています。この契約は、本格的に交渉に入る二〇〇九年に、その時点の参加八か国が締結したものであり、日本は遅れて交渉に入った二〇一三年に署名しました。この契約に署名しなければ交渉自体に入れなかったため、後から加わった日本にとっては事実上強制であったと言えます。

外交交渉において、ここまでの秘密保持契約が結ばれるのは稀《まれ》なことで、その理路は次のようなものでしょう。センシティブな交渉を行う以上、ある国が自分の交渉結果をひけらかすために内容を公開すれば、不利な条件を飲んだ他国に影響を及ぼすことになります。また、他の貿易相手国との経済連携協定（ＥＰＡ）などに影響を与えることもあります。

途中過程が公開され、他国への譲歩が発覚すれば、自らの政権の危機につながりかねない。よって、各国政府ともに「交渉過程を公表しない」ことのメリットが高いと踏んで、秘密保持契約を結んだのでしょう。つまり、「文書を出さない」という判断は、各国政府が「グル」になって行ったことであり、その判断自体が問われるべきなのです。

ただ、この契約が結ばれているとしても、できうる限りの情報は国民に提示をした上で、国会で議論が行われるべきでしょう。「契約」の内容自体は公表した上で、出せる情報を吟味するべきなのです。

文書の「作成」と「公開」

この二つの論点から見えてくるのは、政府の情報公開への消極性です。しかもその情報公開は、現在にだけではなく「未来」においても消極的であると言えます。

本来、文書を「作成」することと「公開」することは異なります。今すぐに公開できない文書であったとしても、時間が経過し、問題がなくなってから公開することができるのです。文書が作成されていれば、いつかはその検証を行うことが可能となります。これも説明責任の一つの果たし方でしょう。米国ではそれが徹底されており、国立公文書館に行くと、膨大な政策決定過程の文書を閲覧することができるのです。

しかし、どうも日本の官僚には、「由らしむべし知らしむべからず」の精神なのか、「行政文書」をできるだけ残さないという考えの人が一定数いるようです。情報公開請求へのおそれや、のちに責任を追及されたくないという気持ちもあるのかもしれません。

記録をきちんと整備し、現在及び将来の国民に対して説明責任を果たすという当たり前のことが根付いてほしいと改めて感じています。

第四章　外交文書を公開する意義

岡田克也衆議院議員の外交文書公開論

「外交においての事柄が、一定期間経過後、情報公開されることは民主主義の根幹をなす重要なことだ。外交上、相手国との関係や日本の国益を守るために秘密とされるものが生まれるのを決して否定するものではない。しかし、外交秘密の存在は、国会や国民による民主的統制の機会を失わせ、政府の暴走につながりかねない。一定の期間経過後公開されるということが、このような事態に対する一定の歯止めになる。加えて、外交情報の公開は、外交に対する国民の理解を深めることで、外交基盤を強化することにつながると私は考えている」（岡田克也『外交をひらく――核軍縮・密約問題の現場で』）。

民進党元代表の岡田克也衆議院議員は、民主党政権下の二〇〇九年から翌年にかけて、外務大臣を務めました。その時に、米国の核兵器の日本への持ち込みを事前協議の対象としないことへの秘密合意などをはじめとする、いわゆる「密約」問題の調査を行い、関連資料の公開などを徹底的に行ったのです。冒頭に引用した文章は、岡田がなぜ「密約」の解明を指示したかの理由を説明したものです。

第三章でも検討しましたが、政治家は外交において、国民に不人気な決断であってもしなければならない瞬間があります。また、相手国との関係もあるため、情報をリアルタイムですべて公開することは不可能ということもあります。しかし、将来必ず公開して国民の判断を仰ぐことが、民主主義においては必要不可欠なのです。また、外交への理解を深めることによって、国民が感情的な論理に引きずられないような知的な基盤を作ることが可能になるのです。岡田はこのように主張したのです。

岡田は外交文書の問題だけでなく、他の公文書管理制度改革でも大きな役割を演じました。二〇一一年に発覚した原子力災害対策本部の議事録未作成問題の際にも、岡田は副総理兼行政刷新大臣として問題の処理にあたり、政権に不利になる情報が出ることを厭《いと》わずに、関連する会議の議事録や議事概要が作られているかを調査して公表したのです。そして、大震災のような「歴史的緊急事態」の際には、どのような文書を作り、保存しなければならないかの基準を作成するなど、公文書管理法の趣旨をより徹底させようとしました。また、閣議や閣僚懇談会などの大臣の出席する会議の議事録作成の指針を報告書としてまとめ、最終的に安倍政権での閣議・閣僚懇談会の議事録作成・公開への道につなげたのです。

ただし、岡田の方針は閣議・閣僚懇談会の議事録を三〇年非公開とする代わりに、大臣たちの議論の経過も議事録に残すようにというものであったのですが、安倍政権は即公開することにしたため、形式的な議論のみが記録されることになりました。政治過程をきちんと記録させようとする岡田の趣旨は、完全に無視されてしまったのです。

これらの岡田の文章や活動を見れば、公文書管理制度や情報公開制度の意義を深く理解していることがよくわかります。ここまでの理解度がある政治家は稀有《けう》な存在と言えます。

外交史料館での文書公開の進展

岡田は「密約」の解明のときに、もう一つ重要な決定をしました。それは、外交文書の三〇年での原則自動公開を、「外務大臣訓令」として発したことです。これによって、現在までに四万冊にものぼるファイルが外務省外交史料館に移管されました。なお、多くの行政機関の歴史的公文書の移管先は国立公文書館ですが、外務省と宮内庁だけは、国立公文書館以前から公文書館があるということで、自省庁内のアーカイブズへの移管を認められています。

最近の戦後外交史研究は、若手の研究者を中心にめざましい発展を遂げています。情報公開法を利用した外交文書入手の手法が研究者の間に定着してきたことや、外交史料館での大量の文書公開が、研究の進展におおいに貢献しているからです。「対米追従外交」というレッテルを貼られがちな戦後日本外交の裏側では、米国との激しいやりとりが行われていたことが次第に明らかになりつつあり、日本外交史の修正がなされ始めているのです。

では、そもそもなぜ外交文書は公開されるのでしょうか。外国との関係もあるため、公開されにくい文書ではないかという疑問を持たれる方もいるかもしれません。しかし、先進国においては、外交文書はむしろ三〇年経過したら公開をしていくことがスタンダードになっています。なぜそのような慣行ができあがったのでしょうか。

外交文書がなぜ公開されるのか

この慣行ができたのはロシア革命に端を発しています。第一次世界大戦（一九一四―一九一八年）では、よく知られるように、英国などが秘密外交を展開し、裏でさまざまな「密約」を結びながら戦争を行っていました。有名なのは、現在のパレスチナ問題の原因となっている英国の三枚舌外交です。アラブ人に対しては独立国家の建設を約束し（フサイン・マクマホン協定。アラビアのロレンスで有名）、フランスとロシアとはオスマン・トルコ帝国領を三分割することとし（サイクス・ピコ協定）、ユダヤ人にはパレスチナに国家建設を約束しました（バルフォア宣言）。この三つは相矛盾するものでした。

ところが、一九一七年にロシア革命が起きて帝政が崩壊すると、ボルシェビキ（レーニンに率いられたソ連共産党の前身）は帝政が抱えていた秘密外交文書を押収することに成功しました。そして、彼らはそれを世界に向けて暴露し、帝国主義国家がいかに自国の利益を追求し、民族自決の原則を無視しているかということを訴えたのです。先述のサイクス・ピコ協定も、この時暴露されています。ボルシェビキの狙いは、各国の独立運動の指導者に、帝国主義国家に従っても独立は達成できないことを知らしめ、共産主義を浸透させることにありました。

また、敗戦国のドイツは、多額の賠償金を課せられるなど、戦争責任を一手に引き受けさせられました。これに不満を持ったドイツは、大戦に関連する外交文書を整理編纂《へんさん》し、一九二二年から刊行を開始して、世に戦争責任の在処《ありか》を問うていったのです。英国やフランスなどは、この動きに対応しなければ、今度は自国に責任が降りかかってくることになるため、対抗して外交資料集の刊行を開始することになりました。

この外交文書の公開は、何よりも国民に対して自国の外交を正当化するために行われました。そして、次第に、外交に関する文書は、原則三〇年後に公開して、国民の審判を仰ぐという慣行ができあがっていったのです。他国で文書が公開されて、自国が公開しない場合、他国が自己正当化する文書のみが流通することになり、著しい不利を被るため、どの国も同じようなルールで公開をするようになっていったのです。

日本での外交文書公開

この動きは当然日本にも波及することになりました。第一次世界大戦のパリ講和会議において、日本外務省の情報収集能力の低さに危機感を持った若手外交官の中に、組織の拡充や職員養成、そして国民一般への外交知識啓発の必要性を唱える者が現れるようになったのです。

その結果、一九二二(大正一一)年から外交情報をまとめた『外務省公表集』が毎年刊行されるようになりました。しかし、政府要人に配布するにとどまって一般に流通せず、掲載する文書も政策的意図を強く反映させた選別が行われており、限定的効果にとどまってしまいました。

また、一九三三年に調査部が設置され、外交文書編纂事業がスタートし、明治維新から年代順に外交文書を編纂し、『大日本外交文書』(現在は『日本外交文書』)として公刊することになりました。戦時中は不要不急事業として中断しますが、戦後に再開されて現在に至っています。

一九四五年五月の空襲では、外務省庁舎が焼失して、疎開させていた歴史文書や書庫に移していた文書以外を失いました。また、連合国に押収されると不利になる重要文書は、敗戦前に自らの判断で燃やしてしまったのです。行政機関で唯一、戦前に公文書を公開した外務省であっても、文書を残して国民に対する説明責任を果たそうという考えはなかったのです。

戦後、日本に進駐した米国は、開国から敗戦までの重要外交文書をマイクロフィルムで撮影し、本国に持ち帰って公開したのです。そのため、非公開にしている意味が消失し、一九五八年に外務省は、戦前の外交文書を公開しました（当時は紹介状などを持った研究者にのみ公開）。そうして一九七一年に外交史料館が開館し、一九七六年から作成後三〇年を経過した戦後の記録を公開する「外交記録公開」が始まり、次第に一般に公開されるようになりました。

「外交記録公開」が行われるようになった理由は、敗戦から三〇年が経過しており、米国国立公文書館で日本占領関係の資料公開が始まっていたためです。そこで、日本側の文書も公開するべきだという声が、学界やメディア、国会などであがり、外務省がそれに応えたのです。

ただ、この「外交記録公開」は、外務省側が文書を取捨選択し、マイクロフィルムに撮影したものを公開するという方法であり、外務省に都合の悪い文書が欠落しているという批判も受けていました。また、文書の取捨選択に時間がかかりすぎて、三〇年経過しても、公開される文書がわずかしかなかったのです。

外交文書公開を進めるには

岡田が外相になったときは、ちょうど公文書管理法が制定された直後でした（二〇〇九年公布、二〇一一年施行）。まさしく、公文書の公開をさらに進めようという気運が高まっているときです。その意味でも、岡田が外相に就任したタイミングは非常に良かったと言えます。そして先述の改革を行ったのです。

はたして、外交史料館への大量の文書移管は、必然的に利用者の数を増加させることにつながりました。ただし、外務省では、移管の速度を速めるため、目録を先に作って公開し、公開審査（個人情報などのチェック）は申請後に行うことにしています。そのため、申請後の審査にものすごく時間が取られていて、実際に文書が見られるまでに長期間かかっています。外交文書の公開に詳しい北海道大学協力研究員の白鳥潤一郎氏（現・立教大学助教）によれば、申請して公開審査に一年近くかかることも珍しくないとのことです（「毎日新聞」二〇一六年七月二五日夕刊）。また、文書を請求する際に件数の制限をかけられていることもあり、研究の進展を阻害するおそれが出てきています。

この事態は、外交史料館の人員と予算の不足に起因していますが、国家公務員の総定員法があるため、職員を増やすためには、省内の他部局から定員を奪ってくる必要があり、解決は容易ではありません。審査方法を簡略化するなどの対策が必要でしょう。

「密約」問題などもあり、とかく外務省は文書を隠したり、捨てて証拠を隠滅したりするというイメージで語られがちではあります。ですが、外国での文書公開の慣行に則《のっと》ったという側面があるにせよ、戦前から一貫して最も文書公開に積極的であった行政機関であることは疑いを持ちえません。しかし、米国や英国などの国立公文書館と比べると、日本の公文書管理体制は依然として見劣りするところが多いのは事実です。今後、どのように利用しやすい体制にしていくのかが、検討される必要があるでしょう。それについては第四部で詳述することにします。

第二部　特定秘密という公共の情報を考える

第五章　特定秘密の運用上の問題

特定秘密保護法成立後の世論

特定秘密保護法が国会で強行採決されて成立したのは、二〇一三年一二月六日のことでした。大きな反対運動が起き、国会前で多くの人が反対の声を上げました。法律は翌年一二月一〇日に施行され、着々と特定秘密は増えてきています。

特定秘密保護法は、政府の説明によれば「我が国の安全保障に関する情報」のうち特に秘匿すべき情報を保護するための法律です。関係情報を「非公開」にするだけではなく、その漏洩には懲役一〇年以下という重い刑事罰も科されることになりました。政府の狙いは「漏洩防止」ですが、「特定秘密」の範囲は広く、かつ運用を監視する機関の権限や独立性も不十分であるため、際限なく秘密が広がっていくのではないかと危惧されています。

成立から三年後の二〇一六年一二月に、どのような報道がなされるのか各紙をチェックしていたのですが、ほとんどの新聞で特定秘密保護法が取り上げられることはありませんでした。大手各紙では、「毎日新聞」一二月五日朝刊の「行政の情報隠し、発見・指摘に高い壁　秘密保護法施行から二年」や「東京新聞」（中日新聞）一二月一一日の「秘密法、届かぬ監視の目　施行から二年で運用状況は」とする特集記事が掲載されていたのが目立った程度で、社説に取り上げた社はありませんでした。地方紙では「西日本新聞」（一二月一一日）、「信濃毎日新聞」（一二月九日）に社説が掲載されていましたが、やはりそれほど論じられているとはいえないのが実情です。

このことから、特定秘密保護法への関心が低くなっていることは明らかです。また、特に新聞に取り上げられるようなニュースバリューのある事件が起きていないということも理由としてあるかもしれません。しかし、はたして問題は生じていないのでしょうか。問題が「発覚」していないだけなのかもしれません。

まずは、ここまでの特定秘密保護法の運用状況をおさらいしてみましょう。

特定秘密の増加

特定秘密の指定は「情報」に適用されるため、「〇〇に関する情報」といった形で指定されます。その情報に基づいてファイルが指定され、「特定秘密文書」としてカウントされます。特定秘密の指定は、タイトルを付けた「箱」を作ることであり、その箱に、指定された文書が入れられていくというイメージで説明されることが多いです。

二〇一七年六月末現在での特定秘密の指定件数は五一二件となっています。防衛省が三〇一件、内閣官房が七二件、外務省が三七件と続きますが、過半数は防衛省関連です。二〇一四年末は三八二件であったことから考えると、その数は着々と増えているのです。

二〇一六年五月一八日の衆議院法務委員会で、外務省と警察庁で特定秘密が三件解除されたとの報告がされました。しかしこれは、該当する文書を入手すると見込んで指定したが、何も文書を得られなかったので解除されたにすぎません。つまり、「当てが外れた」というだけのことです。

また、二〇一六年八月に、監視機関である独立公文書管理監が、防衛省の特定秘密管理への是正要求を行いました。しかしこれも、特定秘密文書の指定ミスや、特定秘密に指定したが文書が作成されなかった情報を解除するよう求めたものなどにすぎません。もちろん、このような細かい運用ミスのチェックは重要ですが、監視機関が働いていることをアピールするためのアリバイづくりのように見えなくもありません。

特定秘密文書の件数は、二〇一六年末現在で三二万六一八三件となり、内訳は防衛省八万八〇〇四件、内閣官房八万三四七一件と続きます。二〇一六年末の特定秘密の指定は四八七件のため、特定秘密一件あたりの文書件数は、単純計算で約六七〇件となります。ただ、文書件数は「ファイル数」をカウントしたものでしかなく、ファイル一件あたりどれくらいの枚数の文書が含まれているかはわかりません。

二〇一六年一一月に、韓国との間に軍事情報包括保護協定（ＧＳＯＭＩＡ）が締結されました。ＧＳＯＭＩＡは、他国から得た軍事秘密の漏洩を防ぐための国内法を整備することを義務づける協定であり、米国と二〇〇七年に締結したことが、特定秘密保護法制定の最大の理由となりました。新たに日韓間でＧＳＯＭＩＡが結ばれた際にも、政府は得られた情報のほとんどを特定秘密に指定すると説明しており、さらに特定秘密が増えていくことになるでしょう。

特定秘密保護法は法案審議の時点から、際限なく特定秘密文書が増えることを危惧されていました。現状はまさにその危惧どおりになってきていることがうかがえます。特定秘密文書は、当然ではありますが、指定を解除される文書が現れない限り、毎年増え続けます。よって、特定秘密とする必要のなくなった文書を解除していくことが求められるのですが、それを積極的に行うモチベーションは各行政機関にはありません。特定秘密は、最長で五年ごとに指定の更新が来るので、実際にはこの時に減るのかどうかに注視する必要があるでしょう。

監視の不十分さ

国会には特定秘密の監視機関として「情報監視審査会」が置かれています。二〇一五年度の報告書は二〇一六年三月末に公表されました。これを見ると、所属した議員が真摯《しんし》に職務に取り組んでいたことは見てとれます。例えば、衆議院の報告書には、各行政機関からのヒアリングの記録が詳細に資料として付けられており、運用実態を見る際の参考になります。

なお、衆議院の審査会の会長である自民党の額賀《ぬかが》福志郎議員は、特定秘密そのものでない事項にすら「答弁を差し控える」と答えた行政機関が多かったことに不満を表しており、「審査会は特定秘密に関する国民と行政との接点にあるとの観点から、国益と国民の利益をよく勘案し、より良い方向性を作っていけるように関係者が努力する必要がある旨の指摘が幾度もされているところである」（衆議院情報監視審査会『平成27年年次報告書』）としています。与党自民党の会長から「幾度も」指摘がされているというところに、与党も含めた所属議員たちの苛立《いらだ》ちが透けて見えます。

「東京新聞」二〇一六年一二月一一日の記事が、審査会の監視方法自体の困難さを詳細に伝えています。これによれば、審査会に特定秘密の指定の概要（「箱」の概要）が渡されますが、名称が抽象的なものが多く、現状では「箱」の中身を推定することすら難しいようです。なかには、「外国の政府から、その国では『秘密を保護する措置が講じられている』として提供された情報」という記載もあったようで、これでは概要としての意味をなしていません。この概要を元に、文書の内容を想像して調査対象を決める必要があるため、概要から一定程度の情報が推測できないと、議員がきちんとチェックを行いたくてもできないのです。議員には守秘義務を課している以上、概要はきちんと作って提供されなければなりません。

ただ、こうやって概要や文書のタイトルを曖昧にするというのは、情報公開法施行時に作成され、現在では公文書管理法に詳細が定められている「行政文書ファイル管理簿」でも同じことが起きています。情報公開請求に必要な情報を入手するためには、文書のリストが公開されている必要があるため、管理簿を作成して公開することが義務づけられたからです。しかし、ファイル名の付け方がずさんであったり、特定されたくないために曖昧な名称にしたりすることが多発し、ファイル管理簿が検索手段として有効に機能していないということが現在でも指摘されています。

外部の目を気にしなければ、名称は自分たちでわかればよいというずさんな付け方になり、目を気にすると、曖昧にして請求を避けようとするという心理が働くことが、どうやら官僚の一部にはあるようなのです。特定秘密においても、その傾向は変わっていないということなのでしょう。

公文書管理法体系の見直し

ですが、ここまで取り上げてきたような問題は、正直言って「わかりきっていた」話なのです。

先述した「毎日新聞」一二月五日の記事では、特定秘密に指定された情報に違法なものがあるとして市民の側が情報公開訴訟を起こしたとしても、現在の情報公開法では、裁判所には「インカメラ審理」（裁判官が当該文書を見て、実質的に判断を出せる仕組み）が認められておらず、市民の訴えが認められる可能性はまずないとの指摘をしています。また、内部職員からの、特定秘密が不適切に運用されていることを告発する窓口は、所属する行政機関内か、同じ官僚組織である独立公文書管理監にしか存在しません。「毎日新聞」は、国会にこそ、この窓口が設けられるべきであるという識者の声が根強いとしていますが、筆者も同感です。

これらの問題は、法案審議のときから何度も指摘をされていて、そして現実にそのとおりになっているにすぎません。わかりきっている問題が、当然のように浮上したのです。

よって、特定秘密制度を「適正に」運用するためにも、特定秘密保護法やその運用基準などはきちんと見直される必要があります。また、この問題の解決のためには、特定秘密をどう管理し、指定の解除後にどうやって公開するかを、公文書管理法できちんと定める必要がありますし、特定秘密やそれをめぐる裁判を有効的にするには、安全保障や公安に関する情報を開示しなくてよいとしている情報公開法の改正も必要なのです。

公文書管理法と情報公開法、特定秘密保護法は、公文書をどのように管理し、保存し、公開するかを定めていて、相互の連関が極めて高い法律です。これらを一体として改正を検討し、特定秘密を最小限の枠にとどめる努力がなされなければなりません。

しかし、安倍政権の下では改良はされない可能性が高いというのが実情です。ですが、問題意識を常に持って発信し続けることが重要です。その意味でも、新聞などのメディアが、この問題を飽くことなく論じ続ける必要があるのです。

第六章　会計検査院と特定秘密

会計検査院に特定秘密を見せたくない？

国の収入支出の決算は、すべて毎年会計検査院がこれを検査し、内閣は、次の年度に、その検査報告とともに、これを国会に提出しなければならない。（憲法第九〇条第一項）

会計検査院とは憲法上に定められた国家機関であり、内閣に対し独立の地位を有しています（会計検査院法第一条）。国家予算が適切に執行されているかを監視するために決算などを検査しており、行政機関だけでなく国会や裁判所もその対象となります。検査を受ける機関は、決算報告だけでなく、その証拠書類（領収書など）も検査院に提出しなければなりません。そして、検査院から証拠が足りないとして文書を請求された場合は、各機関は必ず応じなければならないのです。この検査結果は、次年度中に内閣に報告され、国会に提出されることとなっています。

二〇一五年一二月八日、「毎日新聞」が情報公開請求によって入手した情報を基に、特定秘密保護法に関連したスクープを飛ばしました。それは、会計検査院の検査の際に、証拠書類に特定秘密が含まれていた場合、その文書が提出されない可能性があるという内容です。

二〇一三年九月から一〇月にかけて行われた会計検査院と内閣官房との特定秘密保護法案の意見交換の際、会計検査において特定秘密が提供されない可能性があることを検査院が指摘しました。これに対し内閣官房は、検査院と行政機関で個別に調整すれば提供することは可能になるはずだとして法案修正を拒んだのです。そして、最終的には「秘密事項について検査上の必要があるとして提供を求められた場合、提供する取り扱いに変更を加えない」とする文書を各行政機関に通達することで同意し、実質的には特定秘密を理由に検査院への文書提供を拒否できないとしました。しかし、この記事が出た段階では、すでに法施行から一年が経過しているにもかかわらず、通達が出ていなかったのです。

この記事が出た後に、なぜ通達を出さないのかと批判を浴びた内閣官房は、同月二五日に、「会計検査院に対する特定秘密の提供について（通知）」を出し、「法の施行により、この取扱いに何らの変更を加えるものではない」との通知を各行政機関に行いました。これは、二〇一三年に内閣官房と検査院が同意していた内容をそのまま通知したものです。

その後の「毎日新聞」の追跡調査によれば、二〇一五年一月から二月にかけて、内閣官房内閣情報調査室（特定秘密を担当。以下「内調」）は、合意どおりの通知が出せないと検査院に説明しました。内調によれば、特定秘密は国会に対して提供できないものがあるため、国会への報告が義務づけられている検査院の会計検査の際に、あらゆる特定秘密の提供を保証できないと説明しました。

これに対し検査院は、内調の主張は憲法第九〇条に違反しているため、同意したとおりの通知を出すようにと反発しましたが、内調はあくまでも「検査院に提供できない特定秘密はないとの通知を発出することは困難」と主張し続けました。内調には、特定秘密関連の会計検査を甘くさせることで、特定秘密関係の予算を使いやすくしたいという思惑があったのだと思われます。

最終的には「毎日新聞」（五月三日朝刊）のスクープによって内調の主張が明るみになったことで批判を受けたため、検査院と同意していた内容で通知を出さざるを得なくなったのですが、検査院が通知発出を伝えられたのは二〇一六年一月八日のことであり、事前に連絡すらなかったとのことです。

会計検査院と特定秘密保護法

すでに述べたように、日本国憲法第九〇条第一項によれば、会計検査院から情報提供を求められた場合には、各行政機関はそれを拒否することはできないことが決められています。

ところが特定秘密保護法においては、会計検査院に対して特定秘密を提供できるという特別な規程がないため、第一〇条第一項の一般的な「公益上の必要」による提供が適用されることになりました。この条文には「我が国の安全保障に著しい支障を及ぼすおそれ」

がある場合には提供しなくてよいと書かれており（判断するのは文書を持っている行政機関）、会計検査院に情報提供しない可能性が残されたのです。

このため、内調が通知を出した後の国会において、民主党（当時）の議員を中心に、政府解釈を問い質《ただ》す質疑が集中的に行われました。この中で安倍晋三首相は、法的には「我が国の安全保障に著しい支障を及ぼすおそれ」がある場合に文書を提供しなくてよいという条文は会計検査院にも適用されることを認めた上で、「我が国の安全保障に著しい支障、著しい支障という、これは相当の縛りでございますから、これを会計検査院に適用するということはおよそ考えられない」との答弁を行い、実際には適用されることはないという主張を展開しました（衆議院予算委員会、二〇一六年二月一〇日）。

その後も、逢坂《おおさか》誠二衆議院議員の質問主意書（二〇一六年三月一一日、質問第一八四号）に対する答弁書（二〇一六年三月二二日、答弁第一八四号）において、「会計検査上の必要があるとして求められた資料の提出を拒むことも実務上およそ考えられず」と答えており、実際には会計検査院に対して特定秘密を理由とした提供拒否は起きないと主張しました。

この経緯を見れば、そもそも内調は、会計検査院に対して特定秘密のすべてを提供したくないと考えていたため、法律に会計検査院を例外とする条文を入れず、通達を出し渋ったが、新聞記者や国会議員の追及によって、渋々とすべてを提供することを首相の言葉として出さざるを得なくなったという流れが推測できます。

これは明らかな法律の不備ですが、法改正を行わないことで、内調は「合法的に」提供しない方法を新たに探っていくかもしれません。きちんと改正を行って、会計検査院から求められたすべての情報提供を可能とするべきです。

会計検査院と軍事機密

なぜ、会計検査院がすべての情報を確認できる仕組みは必要なのでしょうか。それは、憲法第九〇条が戦前の日本の反省の下に作られた条文だからにほかなりません。

戦前の会計検査院は、検査を行えない分野を多く設定されていました。会計検査院法が制定されたのは一八八九（明治二二）年ですが、機密費は検査を行わなくてもよいと書かれており、外務省や陸海軍の機密費を検査することができなかったのです。

また、翌年には「陸海軍出師準備ニ属スル物品検査ノ件」が法制化され、軍の「出師」

（出兵）の準備のための物品費用については、検査を受けなくてもよくなりました。しかも「出師準備品」に何を指定するかは陸海軍に任されたのです。陸海軍がこの「出師準備品」を拡大解釈していったことは言うまでもありません。

さらに、一八九九年には軍機保護法が制定され、軍の機密に関する文書は入手しづらくなり、一九三七年の同法の大改正の後には、たとえ検査のために軍事機密を見せてもらえたとしても、その報告に情報を利用することができず、会社名はA社とかいった形で、ぼかして報告せざるを得ませんでした。

これ以外にも、日清戦争以後、戦争の際に「臨時軍事費特別会計」が置かれるようになり、作戦行動に必要な経費を、細目を付けずにざっくりと陸海軍に渡し、戦争が終わってから会計を閉じるという予算の組み方ができるようになりました。会計を閉じてから検査が行われることや、軍事機密の壁もあるため、さまざまな別目的での流用が行われたと言われています。例えば、田中義一陸軍大将が一九二五（大正一四）年に立憲政友会の総裁になるときに持参した三〇〇万円は、当時から臨時軍事費の流用が疑われていました。

アジア・太平洋戦争時の臨時軍事費は、一九三七年の日中戦争開始時に設定されましたが、戦後に会計を閉じる際、約一五五四億円の支出のうち、陸・海軍省、軍需省合わせて約一二五億円が「戦災などによる証明書類亡失」のため、証明不能のまま処理されました。実際に戦災などで書類を亡失したものもあったでしょうが、流用などの追及はほとんどなされなかったのです。

つまり、戦前の陸海軍の「暴走」は、「予算の裏付け」があったからこそなされたものだったのです。会計検査の抜け道がたくさんあったため、自分たちの好きなように流用できる予算が存在していました。臨時軍事費は「戦争に必要だから」という理由で請求が行われ、打ち出の小槌《こづち》のように予算を軍にもたらしました。戦前の帝国議会において、臨時軍事費の使途について質問する議員は、日中戦争時にすら存在していました。しかし、軍事機密を理由に軍は具体的な答弁を行いませんでした。そして、会計検査院もきちんと調査を行えなかったのです。これらが軍部の暴走の一因となったのです。

こうした事情があったため、戦後はその反省を生かし、会計検査院が国の収入支出の決算を「すべて」「毎年」検査できるように憲法に書かれました（帝国憲法第七二条には決算を検査確定するとしか書かれていませんでした）。もちろん、これは「防衛費」も例外ではありません。よって、すべての収入支出を毎年会計検査院がチェックすることは、権力が暴走しないためのカギとなる重要な仕組みといえるのです。

「毎日新聞」の調査報道のすごみ

ただ、情報公開制度に詳しいNPO法人情報公開クリアリングハウスの三木由希子理事長によれば、「原則として国の機関は会計検査院には支出証拠の原本を提出することになっているが、内閣官房機密費、外務省機密費、警察庁機密費などは例外的に別の方法で支出の証明をすればよいことになっている」とのことで、会計検査院の検査が緩くなっている予算はどうやら存在しているようです（理事長ブログ「内閣官房機密費と使途の保存期間と特定秘密」情報公開クリアリングハウス、二〇一五年一二月九日、http://clearing-house.org/?p=1111）。内調は機密費が検査を事実上すり抜けていることを頭に置いた上で、特定秘密関連の決算も同じようにすり抜ける仕組みを作ろうとしていたかもしれません。ただし、特定秘密という国民の関心が高いものであったことから、内調の思惑が外れたというのが本件のいきさつなのでしょう。

なお、この問題だけではありませんが、特筆すべきは、毎日新聞社会部の情報公開制度を利用した調査報道のすごみです。情報公開請求をかけつつ、その裏付けのための取材を並行して行うことで、実際に各行政機関がどのような意図で政策を行っているのかを追及しています。第一章で取り上げた内閣法制局の文書未作成問題も「毎日新聞」のスクープです。特定秘密保護法や公文書管理制度についての論説も、他の新聞と比して分析が非常に深いといえます。

また、情報公開を拒むために文書を作っていないことが、「毎日新聞」の追及で明らかになるケースも多いのです。今回の内調と会計検査院とのやりとりは、検査院への情報公開請求によって出てきた文書で明らかになりました。なお内調は、情報公開請求に対して、該当文書が未作成であったと説明しており、このような非常に重要な文書を、きちんと作成すらしていないことが明らかになりました。もちろん、これは公文書管理法の文書作成義務に違反しているのは明らかですし、そもそもとして、国民に対する説明責任を果たそうという気すらないのは呆《あき》れるばかりです。

政治部系の新聞記者は、往々にして政治家などに密着して裏から情報を取ってスクープを出すという道を取りやすいです。けれどもそれが癒着関係となって、取材対象への批判を躊躇《ちゅうちょ》させる原因にもなっています。しかし、こういった情報公開制度を利用した調査報道のあり方は、権力の監視というジャーナリズムの本来の役割の観点からも有効性が高いのです。この手法がもっと定着してほしいと願っています。

第七章　特定秘密をどう監視するか

「あらかじめ指定」

　特定秘密を監視する衆議院の情報監視審査会が、二〇一七年三月末に報告書を議長に提出しました。昨年度に引き続き二回目となりますが、昨年同様、所属した議員は非常に真摯に職務に取り組んでいることがうかがえる報告書で、与党議員も含めて国民の期待に応えようとする気概を感じました。報告書の内容は多岐にわたるので、いくつか論点を絞って紹介しつつ、運用状況の問題点を指摘したいと思います。

　審査会の大きな成果として、特定秘密の指定を行ったにもかかわらず、四四三件のうち四割弱の一六六件に文書が存在しなかったことを明らかにしたことが挙げられます。その内訳は、①「あらかじめ指定したもの」一五件、②「他機関が保有しているもの（他機関から情報提供を受けるため）」一三件、③「一つの文書に重複して記録されているもの（複数の指定をしている場合、代表的な所にカウントしている）」二七件、④「情報が知識（頭の中）として存在しているもの」一〇件、⑤「物件が存在しているもの（暗号用の機械など）」九一件、⑥「その他（実際には存在していた）」一〇件、となっています。

このうち、⑤は文書ではない特定秘密が存在しているから問題がありません。②③⑥は、文書の管理の仕方に問題があると思われるので、きちんと改善される必要があります。

問題は①と④です。

①については、文書がないにもかかわらず、作成される可能性があるからといって指定されたものです。内閣官房特定秘密保護施行準備室が作成した特定秘密保護法の逐条解説には、「現存しないが将来出現することが確実であり、かつ、完全に特定し得る情報や、複数の情報を集合的に捉えたもの」であれば特定秘密に指定可能となっています。要するに、必ず手に入る情報があるから、先に特定秘密にしておくという手法です。

確実にその情報が入ることがわかっていた際には、受け取った当日に特定秘密に指定する手続きをとるのは、情報保全的にも難しいかもしれません。ですが、今回の対象の中には、特定秘密保護法施行当初から指定されていたものも含まれていたようであり、実質一年以上にわたって実際に文書がなかったものもあります。これは「たぶん情報が入るだろうから指定してしまおう」というぐらいの軽い気持ちで指定をしたようにしか見えません。

審査会はこの点について、「確実に発生する」の解釈や根拠がおかしいと指摘しており、必ず情報が現れる可能性が高い場合に最低限の期間を区切った上で指定を行うことや、出現が見込めないときには直《ただ》ちに解除するなどの対応をするようにとの意見を出しました。運用する側が好き放題に「あらかじめ指定」ができるようになってしまったら、特定秘密の際限のない拡大につながる可能性が高いからです。

この結果を受けて、特定秘密から八件が解除された一方、文書が作成された（予定含む）ものが七件となりました。この結果を見ると、文書をわざと作成して特定秘密を維持しようとした可能性もありそうです。

「頭の中」の特定秘密

最も問題なのは④です。公安調査庁と防衛省は、行政文書や物件は存在しないが、「知識」として存在する情報が、特定秘密にあたると主張しました。特に防衛省は、文書を廃棄したり、防衛装備庁に移管したりして、省内に存在しなくなった情報に特定秘密をかけ続けました。

これは明らかにおかしいです。そもそも特定秘密保護法をわざわざ制定したのは、情報漏洩を厳罰に処するためです。漏らした場合に刑事罰を科される以上、書類などの客観的な証拠が必ず必要になります。証拠となる文書がない場合、どうやって漏洩者を罰するのでしょうか。

公安調査庁と防衛省の意図は、「特定秘密を解除せずに文書を廃棄したい」というところにあります。本来特定秘密は、必要な期間に指定され、必要がなくなれば解除されて、その文書を永久に残すか廃棄するかを判断されるものです。「特定秘密を廃棄する＝特定秘密とする必要がなくなる」はずで、それならば「特定秘密を解除する」手続きがとられてよいはずです。よって、「特定秘密」のまま文書がなくなるということは原則としてあってはならないのです。

しかし、特定秘密の中には、解除されずに廃棄されるものも現れてきています。報告書の中にも、消防庁が保存期間一年未満の特定秘密文書を廃棄したと書かれており、「毎日新聞」二〇一七年四月一七日の記事では、行政文書の廃棄をチェックする内閣府が、特定秘密を解除せず廃棄の手続きが進められていることを認めています。

四月一一日の衆議院総務委員会で、民進党の逢坂誠二議員が、特定秘密が含まれる文書の保存期間が秘密指定期間より短い場合、秘密指定されたままで廃棄される可能性があることについて質問したところ、内閣府の官房審議官は「保存期間が到来いたしますれば、それは廃棄ができる」と認め、文書の廃棄は「内閣総理大臣の同意を得た上で行うこととされておりまして、恣意的には廃棄されることがないような仕組みが設けられている」として、制度上問題ないとの答弁を行いました。特定秘密が解除されていない以上、独立公文書管理監が審査を担当すると思われますが、どこまで機能するかは心もとないかぎりです。

公安調査庁と防衛省が、特定秘密文書を闇に葬って、のちに検証させないようにしたがっていることは間違いないでしょう。この二つの省庁は、以前から国立公文書館などへの重要文書の移管に極めて消極的であり、内部で抱え込むか、廃棄してなくしてしまうかのどちらかを選択し続けてきました。自分たちの活動を検証されることに極めてセンシティブであり、国民に対する説明責任という概念がほとんどないと言わざるを得ません。

彼らからすれば、特定秘密保護法は、漏洩を防ぐという意味においては待望の法律ではあったでしょうが、三〇年以上指定された文書で保存期間が満了したものはすべて国立公文書館等に引き渡さなければならなくなり、国民からの文書廃棄への警戒心を引き起こした点は、マイナスだと考えた可能性があります。そのため、これまでどおりに廃棄をし続けられるように、文書は特定秘密を指定したまま廃棄し、「知識（頭の中）」の特定秘密を罰せられるようにして、自分たちが情報を独占できる体制を作ろうとしたのでしょう。ですから、この④の指定を許すことは、特定秘密の大量廃棄を招くことにつながるのです。

審査会の指摘を受けて、公安調査庁は新たに文書を作成し、防衛省は五件を解除、四件で新たに文書を作成（予定含む）して特定秘密を維持しました。ただ、「『頭の中』の特定秘密を罰せられるようにする」という考えを引っ込めたわけではないでしょう。彼らには、「特定秘密」を検証させずに消してしまうことへの願望が強いのです。あの手この手でそれを貫徹しようとするはずであり、食い止めるための監視の仕組みを強化する必要があるでしょう。

どのように監視をするのか

審査会の報告書には、ほかにも多岐にわたる論点があります。

審査会が特定秘密を含んだ廃棄文書の件数と文書等の名称を知らせるべきだと主張したのに対し、特定秘密保護法を所管する内閣情報調査室は、特定秘密文書等管理簿に特定秘密は記録されているが、文書数が二〇一五年度末において約二七万件あり、廃棄状況を把握する作業は困難であり、行政活動への影響が懸念されるとし、行政文書ファイル単位での報告しかできないと回答しました。例えば、自衛隊の現地部隊の管理している特定秘密などが、調査困難として挙げられています。

しかしこれはおかしいです。各行政機関には特定秘密管理者が必ず指定されており、特定秘密の管理を統括しているからです。特定秘密文書等管理簿が掌握できていないということは、各行政機関内での特定秘密が適切に管理されているかを点検できていないということを意味します。文書管理が各部局任せになっていて、行政機関として特定秘密の漏洩を防ぐための手立てすら、実はできていないのではないでしょうか。

公文書管理法が制定された理由の一つに、各行政機関どころか、各部局レベルですら文書管理のあり方がバラバラであったので、統一した文書管理を行うための制度が必要だということがありました。結局、公文書管理法の趣旨が浸透する前に特定秘密保護法ができてしまったため、以前どおりの文書管理が残り、特定秘密の保護が各部局頼みになっている機関が少なからずあるのではないでしょうか。

なお審査会は、特定秘密を監視する独立公文書管理監と審査会との関係が曖昧になっているので、定期的に管理監に活動状況を報告させるべきだと主張しました。しかし、管理監は、必要なときに対応するという説明で断っています。管理監は特定秘密を直接確認できる権限があり、特定秘密保護法の現状の運用においては最も重要な役割を担っているからです。ですから、管理監がきちんと機能しているかを審査会がチェックできるような仕組みは、もっと精密に作られたほうがよいでしょう。

二〇一六年一一月三〇日までに、独立公文書管理監及び情報保全監察室において、特定秘密の管理が法に従って行われていないことへの通報件数はゼロ件でした。これは制度がうまく機能しているというよりは、通報制度が機能していないと考えるほうが自然でしょう。参考人として呼ばれた情報公開クリアリングハウスの三木由希子理事長の、行政機関外に位置している国会に内部通報制度を設けるべきだとの提案は、筆者も賛成です。所属する行政機関へ内部通報することは、自分が不当な人事にさらされるという恐怖がどうしてもぬぐえず、ハードルが高いでしょう。

いずれにしろ、不十分な監視体制で法が施行されたが故に、さまざまな歪みが予想どおり出てきているわけです。どのようにこれを改善していくのか。国会の果たすべき役割は非常に大きいと言えるでしょう。

ちなみに、参議院情報監視審査会では、二〇一七年六月七日に報告書が提出されました。国民を代表して制度を監視している以上、報告書をきちんと年度内に作成して公開してほしいものです。

第三部　公文書管理は日本の諸問題の核心

第八章　豊洲市場問題にみる公文書管理条例の必要性

豊洲市場問題の追及

二〇一六年八月に東京都知事に小池百合子氏が就任してから、築地市場の豊洲への移転問題が、改めてクローズアップされました。

八月三一日、小池知事は地下水のモニタリング調査が終わっていないことなどを理由に、一一月の豊洲への移転を延期すると発表しました。豊洲市場の場所は東京ガスのガス工場跡地で、土壌や地下水が有害物質で汚染されていたため、計画当初から移転への懸念が各所から表明されていたのです。そこで東京都は、深さ二メートルまでの土壌を入れ替えた後、さらに二・五メートルの盛り土を行うことで汚染物質を封じ込めるとして、市場の新設を進めました。

当初は、地下水の検査は過去すべて環境基準値以下であったため、これを理由に延期するのはおかしいとの声も上がっていたのです。しかし、九月一〇日になり、豊洲市場の青果棟などの主要な建物の地下にあるはずの盛り土が、実際にはなされていないことが発表され、豊洲市場の工事のずさんさが大きくクローズアップされることになりました。

そこで、小池知事は「豊洲市場地下空間に関する調査特別チーム」を都庁内に設け、原因の調査に当たらせることにしました。その報告書が出るまでの間に、移転を決めた当時の石原慎太郎知事や、築地市場を管轄する東京都中央卸売市場長すらも、盛り土がないことを知らなかったと発言するなど、責任を逃れようとするかの主張がメディアを賑《にぎ》わせました。

報告書は九月三〇日に公表されましたが、盛り土をしないことを決めた責任者は最後までわかりませんでした。小池知事は会見で「流れの中で、空気の中で進んでいったということで、それぞれの段階において責務が生じる」という説明を行いました。

この報告書を受けて「毎日新聞」(一〇月二日)が次の記事を出しました。

豊洲市場　盛り土変更、議事録なし　検証は聞き取り頼み

東京都の豊洲市場（江東区）の主要建物下に盛り土がされなかった問題で、担当部局の中央卸売市場が盛り土計画を変更した時期の内部資料をほとんど残していなかったことが、都幹部への取材で分かった。このため九月三〇日に公表された都の自己検証報告書は、担当職員らへの聞き取りに頼ってまとめられていた。

総事業費が五八八〇億円を超える巨大事業の決定経緯が十分に検証できない状況が露呈した形で、改めて都のガバナンス（統治）の甘さが浮き彫りになった。

都は報告書の公表にあたり「三二人の担当職員らへのヒアリングと過去の資料の分析でまとめた」と説明した。都幹部によると実際には、中央卸売市場に保存されていた資料は公的な契約書や建物設計図、稟議書《りんぎしょ》など、ごく一部だけだった。

稟議書は最終的な意思決定を確認する会議の時間短縮を目的に、担当者が内容を要約した文書を部局幹部に回し、押印で同意を求める。複数回の内部会議で議論を重ね

て作成されるが、それぞれの会議では議事録が作られ、参考資料も配布される。中央卸売市場も同様の仕組みで、議事録や参考資料は地下空間を設けることを決めるまでの詳細な記録になるはずだった。

小池百合子知事の指示で盛り土問題発覚直後から検証を始めた調査特別チームも、こうした観点から中央卸売市場内などで議事録や参考資料を探したが、見つけられなかった。これらの資料の保管期間に決まりはなく、各部局の判断に委ねられているという。

このためチームは検証の大部分をヒアリングに頼った。それぞれの記憶は曖昧で職員間の証言に矛盾も少なくなく、十分な追及に至らなかった。

報告書は、都が盛り土の提言を受けた二〇〇八年七月以降の歴代市場長五人のうち、盛り土がないことを認識していたのは一人だけだったと記載している。当時の職員が部局トップの市場長にレクチャーした際の文書も残っておらず、残り四人の説明の信ぴょう性は検証できなかったという。

なぜ文書が残っていないのか

この問題をリアルタイムで観察していたとき、筆者がすぐに感じた疑問は、「なぜヒアリングばかり行っているのか」ということでした。設計に大幅な変更がある以上、誰かが書類を作っているはずです。決裁を求める書類や上司への説明資料など、当然作らなければならない資料もあります。

公務員は「文書主義」の世界で生きており、口頭のみで重要な決定が行われることはありえません。政策決定に至る途中の文書は、決定後に捨てられがちではありますが、「まだ建設中の建物」に関する文書が捨てられるということは本来あってはなりません。そこに決裁文書があれば、印鑑を押している人が「責任者」ということになります。今回はそれがわかる文書が存在しないということなのでしょう。

「毎日」の記事を見ると、どうやら都の部局である中央卸売市場に、行政文書がろくに残っていないようです。そのために、ヒアリングに頼らざるを得なくなり、責任逃れの発言が混ざっていく中で、責任者が判明しなかったということなのでしょう。

しかも、この報告書が公表された約一週間後、盛り土の工法を検討した外部有識者の「技術会議」の会議録が捏造《ねつぞう》され、建物下に空間を作ることを都が提案したにもかかわらず、技術会議から提言を受けたとする内容に変えて記載されていたことが判明しました。つまり、文書作成の方法もずさんであったことが明らかになったのです。

この一連の問題は、公文書管理制度に大きく関わるものだと筆者は理解していますが、都もメディアもその角度からはあまり検証をしていません。よって、情報不足の点があり、推測に頼らざるを得ないことが多いのですが、入手できる情報から、この問題を考えてみましょう。

今回の問題は、小池知事の就任で突然浮上したものであるため、事前に証拠隠滅のために文書が廃棄されたという可能性は少ないでしょう。そうなると、文書が存在しない理由は、①保存期間が満了したので廃棄した、②そもそも文書をきちんと作っていなかった、ということになります。

①については、東京都の「文書管理規則」(http://www.reiki.metro.tokyo.jp/reiki_honbun/g101018700l.html)を見ると、文書の保存期間は「長期」「十年」「五年」「三年」「一年」

「一年未満」というカテゴリーに分けられています（第四六条）。「長期」は「永久保存」という意味に近く、いずれは都公文書館に移管して保存されることになります。それ以外は、別表にある区分に則《のっと》って保存期間が決められ、満了した後は廃棄されます（重要な文書は公文書館に移管される可能性もある）。

今回の事例は、「請負又は委託による事業に関するもの」の「予定価格が九億円以上の工事又は製造の請負に関するもの」にあたると推測すると、一〇年は保存しなければならないはずです。豊洲市場の地下を盛り土にする案は二〇〇八年から出ているので、まだ一〇年は経過していません。本来、残っていなければおかしい文書です。

ただ、元々この別表自体がかなりアバウトな書き方になっているので、実際には各部局の「慣例」にゆだねられ、独自に保存期間が設定されている可能性も高そうです。そのため、政策が決定するまでの過程の文書を五年とか三年保存にしていれば、「証拠隠滅」ということではなく、粛々と規則に従って廃棄されているのかもしれません。

②についても、十分ありえそうな話です。第一章で、内閣法制局が集団的自衛権の閣議決定に関する協議記録をほとんど持っていなかったことを取り上げました。本来「文書主

義」で行われるべき行政が、口頭での説明のみで記録を残していないことがあるのです。

もし今回の問題で文書が作られていなかったとするならば、内輪で同意がとれればよいという考え方に基づき口頭で済ませてしまったか、口頭で説明された上司が重要さに気づけず、さらなる上司や関係部局への説明を怠ったことなどが考えられます。きちんと文書を作成して回覧していれば、誰かがおかしさに気づく可能性はあったはずなのです。

いずれにしろ、この①②の理由であるか否かを問わず、「都民に対する説明責任」という考えは、関係部局の職員には存在しなかったようです。豊洲市場建設は、元々揉めていた事案なのだから、文書はきちんと作って残し、問題が起きたときに公表して信を問うという考えがあってしかるべきでした。また、もし盛り土から変更したことがきちんと記録として残されていれば、許可した責任者が責めを負わされるだけで済んだはずであり、現場レベルの公務員や設計を担当した民間企業まで疑われるような事態は避けられたのです。文書をきちんと管理しなかったことで、無用な不信感を都民に植え付け、逆に自分たちを守ることができなくなってしまったとも言えます。

公文書管理条例の必要性

東京都の文書管理規則には、文書を作成する「義務」は書かれていません。「規則」はあくまでも「知事」が定めるものであり、東京都職員の文書管理への責任は、「知事」に対するものでしかありません。この状態は、公文書管理法ができる前の国家公務員の状況とほとんど同じです。そして、日本全国の地方公共団体の文書管理の仕組みは、おそらく東京都と変わらない規則によって行われているところがほとんどです。

公文書管理法が二〇一一年に施行されるまで、文書管理は各行政機関の「規則」にゆだねられており、各機関の長に対してしか責任がありませんでした。これが、国会で定められた「法律」になることで、国民に対する文書管理の責任を、国家公務員（独立行政法人等の職員含む）は負わされたのです。この公文書管理法の中で、文書の作成義務や管理・保存のあり方などが定められました。

一方、この公文書管理法の地方公共団体版にあたる「公文書管理条例」を定めているところは極めて少ないです。総務省が二〇一五年一月に行った調査では、条例を定めているのは都道府県五、政令指定都市四、市町村一二の計二一しかありません（公文書管理条例等の制定状況調査結果。二〇一五年三月）。ちなみに「情報公開条例」の制定率はほぼ一〇〇パーセントです。「条例」は地方議会によって定められるため、公文書管理条例を制定すれば、公文書管理は住民に対する責任を持つことになります。ですが、現在存在する条例も、そのほとんどは住民が求めたというよりも、首長がたまたま公文書管理に理解があった人で、上からの主導で制定されたというケースがほとんどでした。

豊洲市場問題が混迷しているのは、公文書管理条例をきちんと制定していないこと、都の公務員に「説明責任」という発想が存在しなかったことも原因であると言えます。その意味では、これは中央卸売市場や関係部局の一部の問題ではなく、東京都の仕事の方法に大きな問題があるものと推測されます。公務員は人事異動が多い以上、今回の関係部局だけが、このようなずさんな文書管理を行っているとは信じがたいのです。似たような慣例が各部局にあるのではないでしょうか。

情報公開問題などで積極的な提言を行っている情報公開クリアリングハウスは、「公文書管理条例の制定を求める意見」を二〇一六年一〇月一一日に小池知事に提出しました（http:

//clearing-house.org/?p=1167)。この中で、公文書管理法と同等の意義を持つ条例の制定を、「都政の透明性を高め、説明責任をまっとうし、組織運営を健全なものにするために不可欠なもの」として位置づけています。筆者はこれに大いに賛同するところです。

ただ、気をつけてほしいのは、おそらくこれは東京都の問題だけではないということです。地方公共団体がどのような文書管理を行っているのか、きちんと説明責任を果たす意識があるのかは個々に検証される必要があるのです。

第九章　南スーダンＰＫＯ文書公開問題

日報公開までの経緯

自衛隊が二〇一二年一月から二〇一七年五月にかけて行っていた南スーダンＰＫＯへの部隊派遣に関連して、現地の派遣施設隊の日報が「廃棄」され、のちに「発見」されたことが、二〇一七年二月に大きな問題となりました。

この問題の端緒となったのは、二〇一六年七月に南スーダンの首都ジュバにおいて、大統領派と第一副大統領派の大規模な武力衝突が起きたことです。この事件に自衛隊がどのように対応したのかを知りたいと考えたジャーナリストの布施祐仁《ふせゆうじん》氏が、七月一九日に、「七月六日から一五日の期間に中央即応集団（ＣＲＦ）司令部と南スーダン派遣施設隊との間でやりとりした文書すべて」を情報公開請求しました。派遣部隊の日報は情報公開請求の対象文書になるべきでしたが、CRF副司令官（国際）が「部隊情報の保全や開示請求の増加に対する懸念」から、日報が対象の文書から外れることが望ましいと考え、日報を「行政文書の体を成していない」として「個人資料」扱いし、請求対象としませんでした。つまり、日報を情報公開請求の対象にしないために、「行政文書」であるはずの文書を「行政文書ではない」として、公文書管理法の趣旨に反する対応をしたのです。結果的に、ここで「嘘」をついたところから、「嘘」を糊塗するために、嘘に嘘を重ねて破綻するという道をたどることになったわけです。

さらに一〇月三日に、布施氏は、日報に的を絞った情報公開請求を防衛省に行いました。防衛省は、日報はまだ省内にあったにもかかわらず、七月と同様の対応をとり、すでに廃棄済として「不存在」の回答をしました。しかし、この対応に自民党行政改革推進本部の河野太郎本部長がおかしいと考えて、一二月一二日に事実確認の資料要求が防衛省になされたのです。陸上幕僚監部運用支援・情報部長が調査をした結果、翌日に陸上自衛隊指揮システムの共有の掲示板に日報が存在することが確認され、慌てて該当日以外の日報も含めて掲示板から廃棄させました。なお二六日には、統合幕僚監部にも日報が残っていることが確認されました。そこで、以前の対応とのつじつまを合わせるために、統幕から日報が発見されたというシナリオにし、陸自で発見された日報は「公表に耐えられる代物であるか不明」という意味不明な理由で隠し（データを照合すれば同一物とわかるはず）、二〇一七年二月六日に河野本部長に日報を提出し、翌日に公表を行ったのです。そして、ＣＲＦや陸上幕僚監部にあった日報データを削除し、証拠の隠滅を図りました。

しかし三月一五日に、陸自が一貫して日報を保管していたことが自衛隊内部からマスメディアにリークされ、特別防衛監察の実施に追い込まれることになりました。特別防衛監察とは、防衛相直轄の防衛監察本部が、防衛相の命令に基づき、不正などのチェックを特別に行う監察のことです。防衛監察本部は、二〇〇七年に防衛施設庁（当時）の官製談合などの不祥事が相次いだときに設立され、全組織に対し独立した立場から厳格に調査・検査を行うとされています。トップの防衛監察監は、高等検察庁の検事長経験者が務める慣例があります。

七月二八日に防衛監察本部は、南スーダンＰＫＯの派遣施設隊の日報を「破棄」していた問題についての報告書『特別防衛監察の結果について』を公表しました。監察結果として、行政文書として日報が存在していたにもかかわらず、個人資料として請求対象文書から外したことは、情報公開法違反及び自衛隊法の職務遂行義務違反であるとしました。また、その後も対外説明スタンスを変更する機会があったにもかかわらず、陸自の日報の取り扱いは適切だったと言い続けたことも、問題があったと位置づけたのです。改善策として、職員の教育や研修の徹底、行政文書不存在の際の入念な確認の徹底、情報公開業務への検査強化などを挙げています。また、公表当日の稲田朋美防衛相の会見では、文書管理規則の改正や、日報の一〇年保存及びその後は国立公文書館に移管すること、情報公開査察官を新設することなどが説明されました。

稲田防衛相の辞任

なお、報告書公表直前の七月一八日には、共同通信が、稲田防衛相は陸自にデータがあったことを知っていながら非公表に同意したとの報道を行い、監察対象外（監察を命令する立場のため）の防衛相本人が聞き取りに応じることになりました。さらに二五日にはフジテレビ（ＦＮＮ）が、二月一三日に会議に出席していた者のメモと思われる資料を報じ、防衛相の「明日なんて答えよう」と困惑する発言を紹介したのです（「朝日新聞」二〇一七年七月二六日朝刊）。これらのリークは、報告書の原案に陸上自衛隊に責任を押し付ける記述が多かったため、陸自関係者が、稲田防衛相や防衛省内局にも問題があったと主張する目的で行った可能性が指摘されています。そのため、防衛相のシビリアンコントロールが効いていないのではないかといった問題も指摘されました。

ただし報告書では、防衛相に対して「日報データの存在を示す書面を用いた報告」「非公表の了承を求める報告」はなかったと記載され、防衛相本人も何も知らなかったとシラを切り通しました。国会答弁で陸自にデータが残っていたことについて報告が無かったと述べていたことから、虚偽答弁になることをおそれて開き直ったのでしょう。

ですが、報告書の公表と共に、黒江哲郎事務次官と岡部俊哉陸上幕僚長が辞任し、稲田防衛相も辞任を表明せざるを得なくなりました。さまざまな不祥事を起こしながらも、安倍晋三首相に庇《かば》われ続けた稲田防衛相も、さすがに部下だけを辞任させて自分が残るわけにはいかなかったようです。ただ、記者会見の最後で、日報を公開した以上、「隠蔽《いんぺい》という事実はありませんでした。防衛省・自衛隊の名誉にかけて、このことだけは申し上げたい」と言い放ち、最後まで自分の責任を認めようとはしませんでした。

しかし、「隠蔽」ではないと言い切れる理由がまったくもって理解できません。防衛省は隠蔽工作に「失敗」して、結果的に日報を公表せざるを得なくなったというのが真実であり、もし「成功」していれば、今ごろ日報は闇に葬られて終わっていたのです。

行政文書にならない論理

では、本書のテーマである公文書管理に引きつけて、何が問題であったのかを考えてみましょう。

まずは、「行政文書」である日報を「行政文書ではない」として隠したことに注目します。行政文書とは、①職員が職務上作成・取得、②組織的に用いる、③保有している、の三点を満たすものを指します。日報は職員が作成したものであるので①を満たし、上官に報告されているので②を満たします。さらにデータが陸自指揮システムにアップロードされて消されていなかった以上、③も満たされます。よって、どうみても「行政文書」にほかならず、情報公開請求の対象文書となることは疑いありません。
それをCRF副司令官は、「行政文書の体を成していない」ため「個人資料」であるとしたわけです。つまり、②を満たしていないと判断しました。防衛省行政文書管理細則の第一の（3）には、②の定義を次のように説明しています。

「組織的に用いる」とは、作成又は取得に関与した職員個人の段階のものではなく、組織としての共用文書の実質を備えた状態、すなわち、防衛省において、業務上必要なものとして、利用又は保存されている状態のものを意味する。したがって、職員が単独で作成し、又は取得した文書であって、専ら自己の職務の遂行の便宜のためにのみ利用し、組織としての利用を予定していないもの（自己研鑽のための研究資料、備忘録等）、職員が自己の職務の便宜のために利用する正式文書と重複する当該文書の写し、職員の個人的な検討段階に留まるもの（決裁文書の起案前の職員の検討段階の文書等。なお、担当職員が原案の検討過程で作成する文書であっても、組織において業務上必要なものとして保存されているものは除く。）等は、組織的に用いるものに

は該当しない。（以下略）

防衛省の論理を忖度《そんたく》すると、②を満たさない理由としては、「自己研鑽《けんさん》のための研究資料」として「写し」があるだけで、原本は廃棄されていたので、「組織的に共有している行政文書は存在しない」ということかと思われます。ですが、そもそも公文書管理法の行政文書の定義は、内容の如何《いかん》を問わず、①②③を満たすものが行政文書にあたるのです。CRF副司令官の最初の判断の根拠には、「情報の保全」が理由として挙げられています。つまり、「内容」を見て行政文書であるか否かを判断できるという、誤った法理解をしています。この報告書では、情報公開法違反や自衛隊法違反という言葉は何度も登場しますが、公文書管理法違反という言葉は一つも現れません。この報告書は公文書管理法への意識が極めて低いことが見てとれます。

なお、防衛省の言い分を踏まえたとしてもおかしな点は残ります。七月に情報公開請求を受けたときに、「原本」（電子データ）は廃棄されていないと思われ、陸自に存在するデータのすべてを「写し」とするのは論理的に無理がありすぎます。CRF副司令官は、情報公開の対象文書から外した二つ目の理由として、「開示請求の増加に対する懸念」があったと主張しました。公文書管理法施行令によれば、情報公開の開示請求があった文書は、開示決定日の翌日から一年間は廃棄することができません（第九条第一項第四号）。つまり、日報を墨塗りにして開示したとしても、そこから一年間は日報を捨てることはできず、新たな請求や不服申立が次々と行われる可能性があったのです。それを「面倒」と考えたということなのでしょう。各行政機関の情報公開への対応は、日常業務にプラスして行われるものであり、請求された文書を持つ部局が一次的に対応しなければなりません（開示するか、不開示にするかなど）。よって、現場に近いＣＲＦ副司令官が「多忙な現場の苦労を思い」、この措置を採ったという理由もあるのでしょう。

ですが、これは本末転倒です。情報公開とはそもそも説明責任を果たすために存在するからです。自衛隊が南スーダンに派遣されている以上、できうる限り情報を公開し、国民に理解を求めるべきなのです。もちろん、隊員の安全に関わるような情報などをすぐに公開することはできないので、それは墨塗りするなどの対応をすることになります。現場で情報公開の業務を重荷に感じるかどうかは、そもそも防衛省内部の人員配置の問題に起因するものです。きちんと情報公開のための人員を確保していないこと、情報を隠そうとするがゆえに、墨塗りにするための根拠を示す書類の作成や、墨塗りをする作業などに大量の時間がかかっていることが問題なのではないでしょうか。必要な人員配置をし、もっと積極的に情報を出せば、情報公開請求に対する負担感は減るように思われます。

なぜ捨てることができるのか

次に考えてみたいのは、情報公開請求に対して防衛省が「廃棄済」と答えたことです。つまり、「行政文書」である原本はすでに廃棄されているので、公開できないと答えたのです。なぜ現場で作成された日報が、作成から三カ月で捨てることができたのでしょうか。

公文書管理法では、行政文書を廃棄する際には、必ず内閣総理大臣のチェック（内閣府公文書管理課が担当）を受けなければなりません。もちろんこの日報は、現地の部隊が情報共有のために作っている以上、「個人資料（私的メモ）」ではなく、れっきとした「行政文書」です。なので、本来は勝手に廃棄することはできないはずなのです。

しかし、防衛省は「合法的」な抜け道を使っていました。それは、行政文書の「一年未満の保存期間」に関する特例です。

公文書管理法の第四条では、「処理に係る事案が軽微なものである場合」には、文書の作成義務が免除されています。この「事案が軽微」というのは、「行政文書の管理に関するガイドライン」によれば、「事後に確認が必要とされるものではなく、文書を作成しなくとも職務上支障が生じず、かつ当該事案が歴史的価値を有さないような場合であり、例えば、所掌事務に関する単なる照会・問い合わせに対する応答、行政機関内部における日常的業務の連絡・打合せなど」とされており、単なる確認事項とか、電話での簡単な確認のやりとりに関することなどが、作成義務から免除されているのです。このレベルの文書まで作成義務を課すと、日常業務に支障が出るということでこの配慮がなされていたのです。

また、「軽微」なことで文書を作成した場合は、文書の保存期間を「一年未満」とすることができます。「一年未満」であれば、行政文書ファイル管理簿に登載する必要もなく、行政機関内の決定のみで廃棄することが法的に可能となっています。

防衛省は日報を、「一年未満」の「軽微な」書類であると主張して廃棄しました。どうやら「行政機関内部における日常的業務の連絡・打合せ」の書類なので「軽微」とでも言いたかったようです。

しかし、自衛隊は建前では「軍隊」ではありませんが、れっきとした「軍事組織」です。現代の国家レベルの「軍事組織」において、現場の報告を「軽微な」情報として扱うような組織があれば、それは「軍事組織」としての体をなしていません。一般的な「軍事組織」では、現場の情報を分析し、次の政策や部隊運用にどう生かすかということについて、他の行政機関以上にセンシティブなはずです。一分一秒の情報の遅れが、隊員の死に直結する可能性がある中で、現場の報告が重視されるのは常識です。

よって、現場の報告を「一年未満」の保存期間としているのは、「情報公開請求に応じたくないから廃棄する」という情報隠し以外の理由しか考えられません。

なぜ残されていたのか

では、なぜ統合幕僚監部に日報の電子データが残されていたのでしょうか。日報のデータは派遣当初からのものがすべて残されていたとのことです。

これは逆説的に言えば、自衛隊は「軍事組織」として、情報をしっかりと持っていたということでもあります。統幕の元に現場の報告が残されていることは、むしろ当然でしょう。そうすると、統幕は日報の存在を「知っていた」が、「廃棄された文書」扱いなので、「不存在」と答えたということになります。

こうなると、「廃棄された行政文書を所有している」という不可思議なことがなぜ起きているのかということが、次の疑問となります。

これについては、情報公開クリアリングハウスの三木由希子理事長が、非常にわかりやすい解説をしています。二月一七日のツイートでは「規則で保存期間を短くしておくと、保存期間満了したので廃棄しましたといえば、その期間を超えるとないことに簡単にできる。不存在決定の壁は、この規則等で定められているといわれると『不合理な点がない』と簡単に行政機関の主張が認められてしまうことにある」との説明をしています（https://twitter.com/johokokai_ch/status/832580697952919553）。

具体的に解説すると、保存期間を「一年未満」「一年」「三年」といった短めに設定し、期間が満了したら「廃棄」扱いにする。そして「廃棄した文書」をこっそりと内部で抱え込むことで、公文書管理法や情報公開法の適用を逃れようとする手口です。そうすれば、情報公開請求を受けても「廃棄済なので不存在」と「合法的」に言えるのです。

三木理事長は、こういった文書管理の運用が、おそらく防衛省では日常的になされているのではないかという疑いを持っているようです。

筆者も、この三木理事長の分析を説得力があると考えます。もしこういった「廃棄して内部にとどめておく」という運用が日常化しているのであれば、それは「機密情報管理」という意味でも非常に問題があります。

この「日報」は、今回問題とならなければ「廃棄された文書」であり、防衛省は持っていない文書ということになっていました。ですから、もし、この文書が外部に流出した場合、「存在しない文書を流出させた」という論理になり、それを罪に問うことは難しいでしょう。

本来、重要な情報はきちんと行政文書として管理をするべきものです。しかし防衛省は、情報公開を敵視するあまり、公文書管理の運用を歪めています。「日報」に「戦闘」と書かれていたことを追及された河野克俊統合幕僚長は、二月九日の会見で、「戦闘」という言葉の「意味合いをよく理解して使うように」という指導を部隊に行ったと説明しました（「朝日新聞」二〇一七年二月一〇日朝刊）。これは、「戦闘」が目の前で起きていたとしても、それを「戦闘と表現するな」という「政治的配慮」を現場に求めていると捉えられます。

これこそ「本末転倒」です。原則的に情報はきちんと公開し、どうしても現在は公開できない情報は、理由を説明した上で墨塗りするというのが法の理念です。

これまでも防衛省は、公文書管理法制定のきっかけの一つとなった、海上自衛隊補給艦「とわだ」の航泊日誌の誤廃棄（保存期間満了前に廃棄した）問題や、特定秘密保護法制定時に明らかになった「防衛秘密」を公文書管理法の適用外として勝手に廃棄していた問題など、この手の不祥事は枚挙に暇《いとま》がありません。

特別防衛監察の報告書には、関係職員の意識向上を図るための教育など、さまざまな改善策が書かれています。ただ、情報公開を敵視する姿勢を続ける限り、同じような問題はまた起きる可能性が高いです。防衛関係の情報であっても、きちんと行政文書を作成し、できる限り情報を公開し、国民の防衛問題に関する理解度を増す努力をするべきだと思います。

第一〇章　特別防衛秘密の闇

特別防衛秘密とは

「特別防衛秘密」（特防秘）という言葉をご存じでしょうか。「特定秘密」は特定秘密保護法の存在によって、よく知られているでしょう。しかし、公文書管理法の適用も受けず、情報公開請求では開示されることのないブラックボックスになっている文書が、六〇年以上前から存在していることを知る者は多くありません。さらに、この特防秘が特定秘密保護法の源流であることに気づいている人もあまりいないのです。

特防秘とは、一九五四年に制定された「日米相互防衛援助協定等に伴う秘密保護法」*（ＭＤＡ秘密保護法）によって定義されている文書です。この第一条の定義は次のようになっています。

3　この法律において「特別防衛秘密」とは、左に掲げる事項及びこれらの事項に係る文書、図画又は物件で、公になつていないものをいう。

一　日米相互防衛援助協定等に基き、アメリカ合衆国政府から供与された装備品等について左に掲げる事項

イ　構造又は性能

ロ　製作、保管又は修理に関する技術

ハ　使用の方法

ニ　品目及び数量

二　日米相互防衛援助協定等に基き、アメリカ合衆国政府から供与された情報で、装備品等に関する前号イからハまでに掲げる事項に関するもの

ここでいう「装備品等」は「船舶、航空機、武器、弾薬その他の装備品及び資材」と定

義されています。要するに特防秘とは、米国から供与された軍事関連の装備や資材の情報（装備や資材そのものも含む）を指します。国の安全を害する目的で情報を漏洩したり、外部の者が探知収集を行った場合、最高で一〇年以下の懲役が科されています（第三条）。また、陰謀をめぐらせることや外部から漏洩を教唆しただけでも、五年以下の懲役（第五条）となっており、未遂も罪になるわけです。特定秘密保護法の罰則の原型は、ＭＤＡ秘密保護法にあることは間違いないでしょう。

この特防秘は、公文書管理法第三条（他の法令に定めがある場合に適用除外にできる）に基づき、公文書管理法の適用外とされているため、行政文書ファイル管理簿にファイルが登載されていません。また、特定秘密保護法からも外されている（第三条第一項）ため、不十分であっても監視機関が存在する特定秘密よりも、さらに実態が見えない文書となっているのです。

特防秘の成立

ではなぜ、このような特防秘というブラックボックスができたのでしょうか。話は日本が独立を取り戻したサンフランシスコ講和会議（一九五一年）ごろまでさかのぼります。

敗戦直後、連合国軍最高司令官総司令部（GHQ）は人権指令を発し、戦前の思想弾圧に利用されていた機関や法令の多くを停止しました。特高警察は解体され、治安維持法や軍機保護法・国防保安法も廃止されたのです。軍機保護法・国防保安法は、軍事機密の漏洩を罰するものでしたが、軍への批判を萎縮させるための言論弾圧の手段として利用されていたため、廃止されたのです。また、軍隊が廃止されたこともあり、一九四七年の刑法改正によって、敵国のための間諜《かんちょう》や軍事機密漏洩の罪が廃止され、戦前の秘密保護法制は消滅することになりました。

独立を回復することが確定したとき、当時の吉田茂内閣は、国家機密保全のための法制度の整備を画策しましたが、戦前の秘密保護法制の記憶が色濃く残っている世論の反発は強く、法整備は棚上げにされたのです。ただし、講和条約とともに締結した日米安全保障条約と、それに基づく日米行政協定の調印によって、駐留米軍の秘密を守るための法律が米国から求められました。そこで、一九五二年に「日本国とアメリカ合衆国との間の安全保障条約第三条に基く行政協定に伴う刑事特別法」（刑特法）が制定されたわけです。この法律では、米軍の「機密」（部隊の任務や配備、編制や装備など）を、米軍の安全を害する目的や不当な方法で探知・収集した場合、一〇年以下の懲役とされました。また、「通常不当な方法によらなければ探知し、又は収集することができないようなもの」を漏洩した場合も同様の罪に問われ、教唆や煽動《せんどう》も罰則の対象となったのです。

なお、機密の類型は書かれているものの、機密が何たるかは米軍が決めることであり、日本は関与できませんでした。また、「不当な方法」の定義の曖昧さも、当時から批判の対象となっていました。占領期の日米間の力関係が、このような一方的に米軍に有利な法律を作ることを許したのでしょう。

その後、日本の防衛力増強が図られる中で、一九五四年に「日本国とアメリカ合衆国との間の相互防衛援助協定」（MSA協定）が結ばれ、自衛隊が創設されました。この協定によって米軍から装備品などの供与が行われるため、協定第三条で「他方の政府が供与する秘密の物件、役務又は情報についてその秘密の漏せつ又はその危険を防止するため、両政府の間で合意する秘密保持の措置を執る」ことが定められました。

また、その附属書Bでは「アメリカ合衆国において定められている秘密保護の等級と同等のものを確保するもの」とされ、米国並みの秘密保護制度を作らなければならなくなったのです。これによって制定された法律がＭＤＡ秘密保護法なのです。刑特法とＭＤＡ秘密保護法は、双方とも米軍の機密保護を主たる目的として作られた法律でした。なお、この両方の法律は、細かな用語の改正はあれど、内容は制定当時から一切変わっておらず、現在でも有効な法律です。

特定秘密保護法への道

当時の保安庁（現在の防衛省）の内部では、日本側の軍事機密を包括的にカバーできる秘密保護法が作れないか検討をしていたようですが、内部の検討にとどまったようです（藤井治夫『日本の国家機密』）。その後も自民党政権は、秘密保護法制を何度も画策しました。

しかし、戦前の言論弾圧の記憶の残る世論の反発は必至であること、さらに「軍隊ではない」自衛隊の「軍事機密」を保護することの矛盾を国会で説明することの困難もあり、秘密保護法案が国会に提出されることはありませんでした。

この状況が変わるのは、一九七八年に「日米防衛協力のための指針」（ガイドライン）が日米間で了承され、米軍と自衛隊の共同作戦が本格化する中で、日米の情報共有の問題が浮上したことに始まります。一九八〇年に自衛隊の元陸将補がソ連のスパイに秘密を漏洩させていたとして逮捕されたことなどをきっかけとして、自民党は「国家秘密に関するスパイ行為等の防止に関する法律案」（スパイ防止法案）の要綱をまとめたのです。「国家秘密」とは防衛計画や自衛隊の編制・装備、輸送・通信などであり、この秘密の漏洩には一〇年以下の懲役、外国へ通報する目的で不法に秘密を探知・収集した場合は二年以上の有期懲役などが定められていました。こうして、中曽根康弘政権時の一九八五（昭和六〇）年六月に、スパイ防止法案は議員立法という形で国会に上程されたのです。

対象となる「国家秘密」は防衛だけでなく外交にも及び、国家秘密を外国に通報して「我が国の安全を著しく害する危険を生じさせた」場合には死刑または無期懲役とするなど、罰則が強化されていました。ただ、あまりにも曖昧で広い秘密の範囲や厳しい罰則などから、言論の自由を守るための反対運動が報道・出版業界を中心として立ち上がりました。さらには、自民党内からも若手の谷垣禎一《さだかず》衆議院議員や村上誠一郎衆議院議員など一二名が公然と法案に反対する意見書を提出する事態となり、結果的に法制定は断念されたのです。

冷戦終結後、日米安保の再定義が進み、一九九七年にガイドラインの改定が行われ、日本の「周辺事態」での対米協力に重点が置かれることになりました。合わせて有事法制の整備が進む中で、秘密保護法制の整備が米国から強く要請されることになります。日本との軍事情報の共有化を図るためには、日本側の秘密保護法の制定が不可欠だと見られたのです。そして、二〇〇一年の米国での同時多発テロ（九・一一事件）をきっかけとしてテロ対策特別措置法が制定され、その関連法案の一つとして自衛隊法の改正が行われました。この中で「防衛秘密」制度が創設され、その漏洩には五年以下の懲役、教唆や煽動も三年以下の懲役となる罰則が設けられたのです（施行は翌年）。これによって、防衛省が長年求め続けていた秘密保護法制がついに導入されることになったのです。

なお、テロ特措法自体に批判の多くが向かったこともあり、スパイ防止法案のときのような大きな反対運動にはつながりませんでした。秘密保護法制を通す機会を狙っていた防衛省が、九・一一後の混乱を利用したのです。第一次安倍晋三政権の二〇〇七年八月一〇日には、軍事情報包括保護協定（ＧＳＯＭＩＡ）である「秘密軍事情報の保護のための秘密保持の措置に関する日本国政府とアメリカ合衆国政府との間の協定」が締結され、相互に提供された秘密軍事情報を、受領する国が国内法令の範囲内で適切に保護するための手続きなどが明確化されました。秘密軍事情報へのアクセスは、「取扱資格」者に限定すると定められていました。

そこで政府は、協定とほぼ同時に「カウンターインテリジェンス機能の強化に関する基本方針」の施行を閣議了解し、「特別管理秘密」制度（施行は二〇〇九年）を創設しました。なお「カウンターインテリジェンス」とは、外国からの諜報・謀略活動への対抗措置のことを指しており、「秘密保護」だけではなく「防諜」の意味合いが次第に強まっていくことが見て取れます。ただ、この「特別管理秘密」制度自体には罰則がなかったこともあり、特定秘密保護法の制定が目指され、最終的に第二次安倍政権の二〇一三年に成立することになったわけです。

特防秘の闇

特防秘は、特定秘密保護法に組み込まれませんでした。その理由は、特定秘密のような国民から注目され、監視される制度からは、分けたままにしておいたほうが都合がよいということにあります。MDA秘密保護法には「拡張して解釈して、国民の基本的人権を不当に侵害するようなことがあつてはならない」(第七条)とは書いてありますが、特定秘密保護法のように報道の自由などへの配慮規定は存在しません。また、不十分ではありますが監視機関が作られ、公文書管理法の適用も受けている特定秘密と比較しても、特防秘は制約がまったく課せられておらず、むしろ特定秘密保護法の下に入ってしまうと制約が増えることになります。よって、これまでどおり、自由に秘密にできる制度を維持したのでしょう。

日本の秘密保護法制の背後には、米軍の情報保護や日米間の軍事情報共有という問題が潜んでいます。特定秘密以上の闇がまだ存在するのです。確かに機密性が高く、すぐには公表できない情報が多いことは疑いはありません。ですが、これらの文書は、保存期間が切れた後に国立公文書館等に移管されたという話を聞いたことがなく、検証を一切されずに廃棄されているようです。たとえ高度な軍事情報であったとしても、公開しても問題のない時代になったら、公開され、検証されることが本来ならば必要です。なお、民進党が二〇一六年に提出した公文書管理法改正案では、この特防秘に公文書管理法を適用させるという条文が含まれています（二〇一七年の野党四党での共同提出案にも引き継がれている）。特防秘の闇に切り込もうとしているのか、ただ単に野党だから安易に考えて出したのかはわかりませんが。今後もこの動きに注目する必要があります。

＊「日米相互防衛援助協定」は通称ＭＳＡ協定と呼ばれています。これは、この協定の基礎になった米国の法律（Mutual Security Act）によっているのです。ですが本来「相互防衛援助」は Mutual Defense Assistance と英語で書くため、ＭＤＡ協定というほうが正しいでしょう。そのため防衛省では、この協定の秘密保護法を「ＭＤＡ秘密保護法」という言い方をしています。なお、歴史用語としてはＭＳＡ協定が根付いてしまったため、この秘密保護法も長らくＭＳＡ秘密保護法という言われ方をされていました。この記事では、「ＭＳＡ協定」「ＭＤＡ秘密保護法」という現在最も使われている名称で記しました。

第一一章　森友学園関係公文書廃棄問題

文書が残っていない

大阪府豊中市の国有地を、二〇一六年六月に学校法人森友学園に格安で払い下げた問題は、開校する小学校の名誉校長が安倍晋三首相夫人の昭恵氏であったことなどから、大きな政治問題となりました。この問題も公文書管理が大きな焦点となっていましたので、ここで問題の整理をしてみたいと思います。

そもそもこの問題は、二〇一六年九月に木村真豊中市議が、森友学園への国有地売却額を調査するために財務省近畿財務局に情報公開請求をしたところから始まります。二〇一〇年に豊中市は、隣接する大きさがそれほど変わらない国有地を一四億二三〇〇万円で購入しており、今回問題となっている土地も、防災公園として整備するために貸与を打診していたといいます。

しかし、木村市議の情報公開請求に対し、近畿財務局は価格などを墨塗りして公開をしました。国有地の売却結果は、透明性と公正性を図る観点から、一九九九年の旧大蔵省理財局長通達で原則として公表するとされています。しかし、近畿財務局は「公表によって学校運営に悪影響が出るおそれがある」と森友学園から非公表を申し入れられたために公開できないとしたのです（「朝日新聞」二〇一七年二月九日）。

ですが、木村市議が二〇一七年二月八日に、文書非公開処分の取消しを求める裁判を起こしたところ、裁判や批判に耐えきれないと判断をしたのか、直後の一〇日に近畿財務局は価格を公表しました。これによって、鑑定価格が九億五六〇〇万円であったにもかかわらず、地下のゴミの撤去費を割り引き、一億三四〇〇万円で売却したことが明るみに出たのです。これにより、隣接地を購入した豊中市よりもはるかに低い金額で、土地が売却されたことが政治問題化しました。

国会での追及が進むなか、二月二四日の衆議院予算委員会で、財務省の佐川宣寿《のぶひさ》理財局長（現国税庁長官）は、売買契約をめぐる近畿財務局と森友学園との間の交渉や面会に関する記録は、財務省の行政文書管理規則によって保存期間が一年未満とされており、売買契約締結で事案は終了したので文書は廃棄されたと述べました。つまり、交渉記録は一切行政文書として残されていないと明言したのです。

当然「隠蔽ではないか」と強い批判に晒《さら》されることになりましたが、麻生《あそう》太郎財務相は、「適切に文書管理しており、直ちに保存期間を見直す必要はない」、公文書管理を担当する山本幸三地方創生担当相は「正規の手続きによって行われた」とそれぞれ述べ、文書管理に問題がなかったと主張しました。

財務省の論理

では、その「正規」の手続きはどのようなものなのでしょうか。

まず、前提として、公文書管理法に基づく各行政機関の文書管理規則の決め方を説明しておきます。公文書管理法の第一〇条には、各行政機関は行政文書管理規則を定める義務があり、「内閣総理大臣に協議し、その同意を得なければならない」となっています。規則案は、公文書管理法によって設置された公文書管理委員会へ諮問され、審査がなされることになっているのです。つまり、自分たちで勝手にルールを作れないということです。

また、この行政文書管理規則は、統一ルールである「行政文書の管理に関するガイドライン」が先に提示され、このモデルに沿わなければならなかったのです。ですので、財務省の行政文書管理規則も「ガイドライン」に沿って作られているわけです。

では、財務省の保存期間の設定がどのように行われているか表で確認してみましょう。

財務省行政文書管理規則の第一三条には、「文書管理者は、別表第1に基づき、標準文書保存期間基準を定めなければならない」(①)、「第一項の基準及び前項の保存期間の設定においては、歴史公文書等（中略）に該当するとされた行政文書にあっては、一年以上の保存期間を定めるものとする」(②)という二つのルールが書かれています。
①の「別表第1」というのは、先ほど述べた「ガイドライン」に基づいて定められたもので、「○○の文書は何年保存する」という、文書の保存期間のルールが書かれているものです。表は、今回の問題に関連している該当部分です。これを見ると、国有財産の処分に関する決裁文書は三〇年保存となっており、近畿財務局が渋々公開した文書は「売払決

表　財務省行政文書管理規則　別表第1（一部）

事項		業務の区分	当該業務に係る行政文書の類型（令別表の該当項）	保存期間	具体例
28	国有財産の管理及び処分の実施に関する事項	国有財産の管理（取得、維持、保存及び運用をいう。）及び処分の実施に関する重要な経緯	①国有財産（不動産に限る。）の取得及び処分に関する決裁文書	30年	・引受決議書 ・売払決議書
			②国有財産の貸付けその他の運用に関する決裁文書で運用期間を超えて保有することが必要な文書	運用終了の日に係る特定日以後10年	・貸付決議書
			③国有財産の管理及び処分（①及び②に掲げるものを除く。）に関する決裁文書又は管理及び処分に関する重要な実績が記録された文書	10年	・行政財産等管理状況等監査報告

議書」だと思われます。

　では、なぜその「売払決議書」に森友学園との交渉記録が含まれていないのでしょうか。ここで②の説明が必要となります。「ガイドライン」では、大枠の重要文書についての保存期間については網羅していますが、行政機関ごとに仕事の質量は変わるため、この別表に記載されていない細かい文書については、備考の六で、趣旨を参酌して基準を作るようにとされています。

　では、財務省の行政文書管理規則細則はどのようになっているのでしょうか。

第六条　管理規則別表第1備考六の保

存期間は（中略）三〇年、一〇年、五年、三年、一年又は一年未満のいずれかの期間とする。

2　前項の場合において、歴史公文書等（中略）に該当しない行政文書（歴史公文書等の写しを含む。）の保存期間は一年未満とする。ただし、職務遂行上の必要性により一年以上の保存を必要とする場合は、当該必要性に応じた保存期間とすることができる。

これを見ると、「歴史公文書等」に該当しない文書は、原則一年未満で処分すると書かれています。「歴史公文書等」とは、公文書管理法第二条第六項に「歴史資料として重要な公文書その他の文書」とされており、国立公文書館等に最終的に移管をされて永久保存される文書のことです。

つまり、森友学園との交渉記録は二つの考え方に則っています。「売払決議書」とは別のファイルとして認識されているため、別表第1に記載されていない文書とされているということ、さらに、歴史的に重要な文書として永久保存される文書となりえないと財務官僚が判断したので一年未満で処分したということ、です。なので、森友学園以外の国有地売却でも、経緯の文書は事案が終了したときに廃棄されている可能性が高いでしょう。

つまり、財務省の論理からすれば、森友学園関連の証拠隠滅のために捨てたのではなく、元から「正規の」手続きに則って捨てるたぐいの文書だということです。

ここからは推測になりますが、国有地の売却問題に関しては、政治家の口利きは日常的に行われているのでしょう。よって、財務省は「正規」の手続きを踏みながら、証拠を抹殺し続けることをルーティンワークにしていた可能性があり、その実態が本件で露呈したのかもしれません。

法の趣旨を歪める解釈

この「歴史公文書等」として永久保存されないならばすべて「一年未満」の保存期間にできるとの考えは、公文書管理法の趣旨からしても明らかにおかしい論理です。

そもそも歴史的に重要かどうかを、なぜ現場の担当官が判断できるのでしょうか。判断できたとして、なぜそれが絶対視されて、内部の論理で文書を廃棄されるのか(一年未満にすると内部で廃棄できる理由は、第九章南スーダンＰＫＯ文書の項で記したとおりです）。

このおかしな仕組みを「正規」と財務省が言い張る理由は、自分たちの論理が「ガイドライン」に則っていると考えているからだと思われます。というのは、②の条文は、実は「ガイドライン」に記載されていたモデル文そのままなのです。よって、どの行政機関の規則もこのような書かれ方をされており、財務省の管理規則自体が突出しているわけではありません。

ですが「ガイドライン」では、「歴史公文書等に該当するとされたものにあっては、一年以上の保存期間を設定する必要がある」との説明をしています。この趣旨は、歴史的に重要と考えられる文書であれば、必ず一年以上の保存期間を付けて、廃棄するときには内閣総理大臣の許可を取るようにということです。

つまり、「歴史公文書等に該当しない文書の保存期間を一年未満にする」などとは、「ガイドライン」のどこにも書かれていないのです。

にもかかわらず、これを都合の良い解釈をして、別表第1に記載のない文書の保存期間を原則一年未満にして、自由に捨てることができる（自分たちに必要なものは「例外的に」一年以上にできる）という仕組みへと、「ガイドライン」を曲解したのです。

公文書管理法の精神を生かして

そもそもとして、関連文書を決裁文書と別ファイルにして保存期間を変えるという手法は、他の行政機関でも頻繁に行われています。そのため、決裁文書は三〇年保存でも、その経緯が書かれた文書は三年で廃棄されていたりして、政策決定過程が不明となるケースが跡を絶ちません。

また、財務省を担当していた大手新聞の記者には、財務官僚が「私的メモ」と称して、さまざまな細かい記録を「行政文書」扱いにせずに取り扱っている現場を見たと証言している人たちも少なからずおり、今回の記録も実は「私的メモ」として残しているのではないかと推測する人もいるのです（山田厚史元朝日新聞編集委員 http://diamond.jp/articles/-/119787、伊藤智永毎日新聞編集委員 http://mainichi.jp/articles/20170304/ddm/005/070/003000c など）。つまり、局内で「共有」の扱いをせず、個人が作った備忘録のような扱いをして、行政文書から外しているケースです。

公文書管理制度は、現状、現場が公文書管理法を守るという「性善説」に立って運用されており、公文書管理法の中には罰則も存在していません。ですが、こういった不祥事が起こるたびに、公文書管理法の趣旨を理解せず、これまでのずさんな文書管理の慣習に法の解釈を引きつけている部局がたくさんあるということには嘆息せざるを得ません。

なお、簡潔に述べると、当事者の一つでもある大阪府でも、近畿財務局とのやりとりを文書として残していなかったことが明らかとなっています。大阪府の文書管理がずさんであったことは間違いありません。府民に対する説明責任を果たすための文書がきちんと作られるような、公文書管理条例の制定が必要です。

また、余談ですが、森友学園の籠池泰典《かごいけやすのり》理事長から陳情を受けていた鴻池祥肇《こうのいけよしただ》参議院議員の対応は、近畿財務局が本来どのように対応していればよかったのかの参考となります。鴻池議員は「陳情整理報告書」を作成しており、陳情にどのように対応したかをきちんと記録していました（「中日新聞」二〇一七年三月三日）。結果、それを公表することで、それ以上の追及を逃れることができたのです。もちろん不都合なことを記載していない可能性はあるので資料批判は必要ですが、文書をきちんと作って保存することがいかに大事であるかを教えてくれていたように思われます。

近畿財務局がきちんと文書を保存してそれを公開していれば、今回のような大騒動にはならなかったはずなのです。もっとも、後ろめたいことがあって無理だったのかもしれませんが。

第一二章　「私的メモ」と行政文書

加計学園問題

本書では、執筆時期の関係もあり安倍政権の公文書管理のずさんさについて繰り返し述べることになっていますが、「加計学園」をめぐる問題もまた、例外ではありません。

愛媛県今治市に国家戦略特区として獣医学部を新設する計画について、文部科学省が、「官邸の最高レベルが言っている」「総理のご意向だと聞いている」と内閣府から言われたと記録した文書を作成していたことを、「朝日新聞」（二〇一七年五月一七日朝刊）がスクープしました。五〇年以上認められなかった獣医学部の新設が認められたのが、安倍首相と親密であることで知られている友人が理事長を務める学校法人加計学園であったこともあり、以前から首相が便宜を図ったのではないかということは疑われていました。しかし、それまで証拠となる文書が出ているわけではなかったのです。

この報道を受けて菅義偉官房長官は、「怪文書みたいな文書」として一笑に付そうとしましたが、翌一八日の「朝日新聞」朝刊がさらに追い討ちをかけ、「藤原内閣府審議官との打合せ概要(獣医学部新設)」(記事では審議官の名前は伏せ字)と題された日程や出席者が書かれた文書や、「獣医学部新設に係る内閣府からの伝達事項」などの文書から記事を作成し、文科省で作成された文書である証拠を次々と突きつけました。記事によれば、これらの文書は「一部の幹部らで共有されていた」とのことです。

松野博一文科相は、これらの文書が文科省に存在するかを調査させました。そして一九日には該当文書は「確認できなかった」と発表したのです。文科省によれば、担当課の職員らが使うパソコンの共有フォルダーと書類ファイルを調べたが該当文書は確認できなかったとし、担当課長など七名に聞き取り調査をしたが知らない、記憶にないと答えたとされます。なお、個人に貸与されているパソコンや手書きのメモは調査しなかったといいます。

次いで二五日に発売された「週刊文春」において、前川喜平前文部科学事務次官が、「獣医学部新設に係る……」の文書は、大臣や自分への説明用として高等教育局専門教育課が作成したものであることを明言し、他の文書も文科省の職員が作成したことを認めました。前川前次官は同日に記者会見を開き、「あったものをなかったことにはできない」と話しましたが、首相や官房長官などは、これらの文書を信憑性《しんぴょうせい》が定かでないとして、相変わらず「怪文書扱い」をし、また、松野文科相も再調査の必要はないと強弁を続けていました。

「私的メモ」という言い逃れ

この問題は、獣医学部新設をめぐる権力闘争があったことや、前川前次官の個人的なスキャンダルが持ち出されるなど、論点がわかりづらくなっています。しかし、本書の視点から言えば、森友学園問題などと同様に、公文書管理に関する不祥事が安倍政権下で噴出している一つの事例として考えるべきでしょう。まず、文科省の調査の結果から解説してみます。

文科省が「共有フォルダーと書類ファイル」しか調べなかったのは、要するに「行政文書」のみを調べたことを意味します。公文書管理法上の「行政文書」とは、「公務員が職務上作成・取得」「組織的に用いるもの」「現在も保有」という三つの条件が満たされる文書と定義されています。よって文科省は、これらの三つを満たしている「行政文書」としては省内に存在しないと説明していることになります。個人のパソコンを調べていないのは、その中にあるファイルは「組織的に用いていない」文書にあたるから、「行政文書」に該当しないということになるわけです。

本書をここまでお読みの方ならよくご存じだと思いますが、これはいわゆる「私的メモ」と称して行政文書扱いせず、「文科省の公式文書ではない」とする手口であり、内閣法制局などをはじめとして、さまざまな行政機関で日常的に行われている文書管理方法です。「組織的に用いていない」という理由で、「行政文書」ではなく「私的メモ」とされているわけです。

ただし、「朝日新聞」も述べているように、これらの一連の文書は「一部の幹部らで共有されていた」とされており、前川前次官も自分への説明文書として使われたと述べています。よってこれらの文書は、どう考えても「組織的に用いている」としか思えません。そもそも、内閣府と文科省との打合せの記録が「私的メモ」であるはずがないのです。

ところが、前川前次官は五月二五日の記者会見において、「一連の資料はいわゆるレク資料といわれるもので、部下が上司に説明するときに使う。複雑な課題を要領よく要点でまとめて、わかりやすく整理したペーパーで、通常こういうものは日付もつけませんし、担当課の名前もつけません。保存用ではありませんのでその場でレク、説明するために作っているものです」（「毎日新聞」二〇一七年五月二五日）と述べています。上司に説明する要点をまとめた資料は、「保存用ではない＝行政文書ではなく私的メモ」と堂々と話しているのです。これが「組織的に用いていない」文書という「常識」が、文科省にまかり通っていることがよくわかります。文科省の文書管理は、明らかに公文書管理法に違反していると言わざるを得ません。

「私的メモ」が横行するのは……

なぜこのような「私的メモ」が横行するのでしょうか。元官僚らに取材した「毎日新聞」の五月一八日朝刊の記事によると、「共有のキャビネット（書類棚）に置くファイルは組織的に使うから行政文書。個人の机の上のファイルは私的メモ」と分けていたり、表沙汰になると問題になるような露骨な政治家絡みの口利きなどがあると、パソコンで作って印刷した紙を個人的に保管した上で電子データを消すなど、色々な方法が例示されています。

このような文書管理をする最大の原因は、「情報公開請求」に対して公開しないようにするためです。「私的メモ」にしておけば、請求に対して「存在しません」と回答できます。請求の対象になった場合は、情報公開法の不開示規定（個人が識別できる情報とか、国の安全に関わる情報など）にあてはまらない情報を隠すことはできません。例えば今回の文科省の文書の場合、適用できる不開示規定が見あたらないため、内容を非公開にするのはかなり難しかったと思われます。

また、後から「私的メモ」扱いされるケースもあります。南スーダンPKO派遣部隊の日報「不存在」の問題も、FNNの取材によれば、日報は残っていたにもかかわらず、上司が「バカ正直に出せばいいってもんじゃない」と叱責し、結局「個人保管の資料で、開示すべき行政文書に該当しない」として「不存在」とされたといいます（五月二九日 http://www.fnn-news.com/news/headlines/articles/CONN00359599.html）。

こういった「私的メモ」にする方法は、情報公開法施行直後から大きな問題になっていました。情報公開法施行一年半後の新聞記事には、「文書を作らず、残さず、手渡さず」という「不開示三原則」が官僚にあるという話が出てきます（「日本経済新聞」二〇〇二年八月一一日朝刊）。「行政文書」として存在しなければ、それを請求者に手渡さずに済むということです。

「毎日新聞」は、「『組織的に用いるもの』が、『表に出やすいもの』の意味に事実上変質しているのではないか」との指摘をしていますが、筆者も同感です。

恣意的な文書管理の行く先には

このような官僚の文書管理方法は、ある意味、自民党長期政権がもたらした産物でもあります。先にも少し触れましたが自民党は、「情報は権力の源」だと理解している政党であり、官僚の恣意的な文書の作り方を「理解」してきた側面があります。この数年でさまざまな公文書管理上の問題が生じていますが、各大臣が軒並み公文書管理制度の見直しに消極的なのは、文書がきちんと管理をされれば、自分たちの恣意的な政治介入の証拠が残る可能性もあるからでしょう。少なくとも、こういった不祥事が起きたとき、民主党（現民進党）政権は、担当官僚から聞き取りをして文書を作成し直すことや、文書管理の改革を行おうとしていました（原子力災害対策本部の議事録未作成のときの岡田克也氏など）。そもそも政党を問わず、問題を把握して改善する努力は、本来必要なはずです。

二〇一七年五月一九日に情報公開クリアリングハウスが、森友学園国有地売却交渉の経緯文書の不存在事件について、不存在決定の取消しなどを求める裁判を提起しました。その経緯を会員に説明する文書の中で、三木由希子理事長が次のように書いていたのが印象的でした。

「森友学園、加計学園問題とともに、行政文書の存在そのものが政治的な介入によって揺らいでいるということです。何を記録して何を保存するかという公文書管理に対して政治が介入を始めると、政府の活動がそのまま記録された行政文書ではなく、作成・保存される行政文書が政治的選別を経ることになります。政治的利益を抑制するために、政府活動を記録して、行政文書によって説明責任を果たすことを求める公文書管理法の趣旨からすると、このような介入はあってはならないことです」（「メール版　情報公開DIGEST」第一三号、二〇一七年五月二〇日）

政治家の恣意、官僚の恣意が、公文書管理に大きな影響を与えています。これを放置すれば、「表に出やすいもの」だけが行政文書になっていく可能性を孕《はら》んでいます。それは、国民に対する説明責任を蔑《ないがし》ろにすることです。公開された情報を元に政治を評価することが当たり前にならなければ、この国の民主主義は、さらなる劣化をたどるのではないでしょうか。

第四部　展望‥公文書と日本人

第一三章　国立公文書館の新館建設問題

国立公文書館新館建設計画

二〇一六年五月二六日、衆議院議院運営委員会の「新たな国立公文書館に関する小委員会」において、国立公文書館の新館を、国会議事堂の脇にある憲政記念館の敷地に建設することが内定し、二〇一七年四月に正式に決定しました。

憲政記念館は衆議院が管轄する施設です。「憲政の神様」尾崎行雄衆議院議員を記念して建設された尾崎記念会館を前身とし、一九七〇年に議会開設八〇年を迎えたことを記念して一九七二年に開館されました。議会制民主主義についての一般の認識を深めることを目的としており、修学旅行などでの国会見学とセットで訪問される場所として知られています。

今回の計画では、憲政記念館を取り壊し、新たに国立公文書館と憲政記念館が一体化した施設を建設します。二〇一八年から八年半程度をかけて建設が行われる予定です。総工費は四八〇億円、総建物面積は四万二〇〇〇平方メートルで、うち国立公文書館部分は三万平方メートルです（書庫は八〇〇〇平方メートル）。現在の本館と茨城県のつくば分館の書庫の合計が一万一〇〇平方メートルです。新館建設後は、既存の部屋を一部書庫に転用するので一万二六〇〇平方メートルになりますので、保存スペースは合わせて二万一〇〇〇平方メートル近くになり、ほぼ倍近く増えます。

新館が建設された際には、国会周辺への修学旅行や社会科見学の立ち寄り先として、国立公文書館が位置づけられることが期待されているとのことです。

国立公文書館とはなにか？

そもそも国立公文書館とは、どのような施設なのかご存じでしょうか。

東京メトロ東西線の竹橋駅を出て少し歩くと、谷口吉郎が設計した東京国立近代美術館の大きな建物が見えてきます。また、近くにある近代美術館の分館であるレンガ造りの工芸館（旧近衛《このえ》師団司令部）にも足を運ぶ人は多いでしょう。しかし、近代美術館の隣にあり、工芸館への道の途中にある国立公文書館に気づく人はあまりいないのではないでしょうか。

国立公文書館とは、簡単に説明すると、日本国の歴史的に重要な公文書を保存している施設です。大日本帝国憲法や日本国憲法、終戦の詔書などの原本を保存しています。

保存されている文書には、明治期以来の各省庁が作成した行政文書のうち歴史的に重要なものや、司法が保有していた民事訴訟判決原本といった公文書が含まれています。また、一九七一年に設立される際に、江戸幕府の蔵書などの貴重な古書籍約五〇万冊を保管していた「内閣文庫」（皇居内にあった。建物の一部は博物館明治村に移設）を統合しているため、貴重な古文書も所蔵しています。二〇一六年度末で、内閣文庫も含めた文書数は約一四二万冊にのぼっています。

公文書管理法によれば、国立公文書館は「国立公文書館等」に位置づけられます。「国立公文書館等」とは、行政機関や独立行政法人などが作成した行政文書や法人文書のうち、保存期間が満了した歴史的に重要な文書を移管し、保存・公開する施設のことです。「国

国立公文書館本館（写真提供：朝日新聞社／ユニフォトプレス）

立公文書館等」に指定されている公文書館は、国立公文書館以外に、外務省外交史料館、宮内庁宮内公文書館、日本銀行アーカイブや各国立大学法人の公文書館（京都大、広島大、大阪大など）があります。また、国の行政機関の文書は、国立公文書館設立以前から独自の文書館が存在していた外務省と宮内庁を除いて、国立公文書館に移管されることになっています。今後、「特定秘密」だった文書の移管もされるようになるでしょう。

　公文書管理法上に位置づけられていることからもわかるように、国立公文書館等は、政策の検証を行うために文書を永久保存して公開する機関であり、行政の国民に対する説明責任や情報公開のために存在しています。

ただ、国立公文書館の本館と分館を合わせた資料の閲覧利用者数は、二〇一六年度では月平均三九八名にすぎません。国立公文書館は歴史研究者のための施設と位置づけられがちで、実際に閲覧利用者の多くは歴史研究者であることは疑いがない事実です。

ただし、国立公文書館のような行政の検証のための施設は、その来館者数で価値を判断してはならないのは言うまでもありません。また、最近では重要な文書をデジタル化してウェブ上から見られるようにしており（デジタルアーカイブ）、閲覧に際しては必ずしも来館する必要はなくなってきています。二〇一六年四月一日から二〇一七年二月二八日までのデジタルアーカイブの利用数は、キーワード検索で約四四万回にのぼっており、ウェブ上での利用者は非常に多いと言えます。ただ、公文書館そのものは一般的には依然としてあまり知名度がなく、存在意義が一般にきちんと理解されているとは言えないのが実情です。

新館建設問題の浮上

さて、国立公文書館の新館建設問題が浮上したのは、文書を保存するための書庫が二〇一六年度には満杯になると指摘されるようになったことから始まります（最近では二〇一九年度が限界と言われているので、事業を進めるために大げさに申告したのかもしれません）。そのため、保存スペースを確保するための新館建設が必須となったという経緯があります（つくば分館の書庫を含めても足りないことが明らかになりました）。

そこで、福田内閣の公文書管理担当大臣として公文書管理法制定に尽力した自民党の上川陽子衆議院議員が事務局長となって、二〇一三年五月に「公文書管理推進議員懇話会」が設立され、法相であった谷垣禎一を会長とし、河村建夫、保利耕輔などの与党各議員が参加しました（公明党も含む）。翌六月から七月にかけて、安倍首相や麻生財務相らに「国会・霞が関周辺への新たな公文書館建設に関する要請書」を提出し、この結果、翌年に「国立公文書館の機能・施設の在り方等に関する調査検討会議」が内閣府に設置され、二年間にわたって国立公文書館新館建設の検討が行われました。

この時に懇話会が取った戦略は、「展示機能の充実」を前面に掲げたものでした。国立公文書館というマイナーな機関に多大な予算をかけるためには、安倍首相や麻生財務相が食いついてきそうな論理を構築する必要があります。残念ではありますが、元来自民党は情報公開や公文書管理といった行政文書の統一管理や市民への公開に対して、極めて冷淡な政党であることは否めません。そのため、公文書管理機能の充実や行政の説明責任という主張では、安倍首相らを動かすことは極めて難しかったでしょう。

そこで懇話会は、「全国から国会見学に訪れる小中学生を始めとする多数の国民」に、「『五箇条の御誓文』、『大日本帝国憲法』、『日本国憲法』、『サンフランシスコ平和条約』などの近代日本の成り立ちに関わる文書や統治制度、民主主義と人権、戦争と平和、外交、領土、災害、国民生活、地域や経済の発展などを記録した重要歴史公文書を展示・解説する」ため、「国民共有の知的資源として公文書を身近に利用できる中核的施設を新たに整備すべき」と主張しました。当時の「読売新聞」（二〇一三年八月一〇日夕刊）の記事によれば、「尖閣《せんかく》諸島（沖縄県石垣市）、竹島（島根県）や北方領土に関する日本の主張を裏付ける文書」の展示も提案していたとのことで、安倍首相などのナショナリズムに訴えかける作戦を採ったのです。

調査検討報告書

その後、調査検討会議では、二〇一六年三月に作成した「基本構想」に基づき、「展示・学習等」と「保存・利用支援等」の二つのワーキンググループを立ち上げ、新館の建物をどのようにデザインするかについての議論を積み重ねました。そして、二〇一七年三月二三日に「調査検討報告書」がとりまとめられました。

この報告書では、「施設の整備方針」に多くのページが割かれ、「この機能が必要だから、この部屋が、この規模で設置されるべき」という書かれ方で構成されています。

まず、「基本構想」にあった「新たな国立公文書館像の方向性」を踏まえた考え方が提示されています。

一つ目は、「国のかたちや国家の記憶を伝え将来につなぐ『場』の提供」です。日本国憲法などの歴史的に重要な公文書の原本の展示などを通じて、「国の成り立ちや国家としての意思決定の過程について興味・関心を高め、驚きや感動とともに理解を深められる」施設とします。

二つ目は、「歴史公文書等の保存・利用等に係る取組推進の拠点としてふさわしい開かれた施設の整備」です。歴史資料保存施設として、国内外のモデルケースとなれるような設備や環境を整備し、保存・修復・デジタル化などの調査研究の中核となる施設とします。

三つ目は、「デジタル化の進展を始めとする時代の変化を見据えた施設・設備の整備」。デジタル化された公文書などの保存や、ウェブ上で資料を見られるデジタルアーカイブの推進などに柔軟に対応できる施設とします。

これら三つの方向性を見ると、展示の充実化やデジタルアーカイブの推進、海外からの利用者への配慮など、対外的な施設のアピールということに、多くのリソースを割いていることがよくわかります。

また、施設の整備方針には、「展示機能」と「学習機能」の拡充が真っ先に掲げられ、重要な資料の展示や、修学旅行生などが集団で見学し、学習できる環境を整備することが強調されています。

確かに現在の国立公文書館は、展示のことを考えた施設設計になっていないため、日本国憲法の原本などを、劣化させずに展示することができません。資料を傷めずに展示するには、光や温湿度などを高度に管理する必要がありますが、その設備がないのです。米国ワシントンD.C.にある国立公文書館では、独立宣言や合衆国憲法の原本が、厳重な管理の下に展示されており、観光スポットとして非常に人気のある施設になっています。おそらく、今回の計画には、この米国のイメージが反映されているのでしょう。

結果的にこの報告書は、懇話会の構想が強く反映されたものになったと言えると思います。

保存施設としての充実化

なお、日本近代外交史の研究者である広島大学文書館の小池聖一館長は、国立公文書館が懇話会の動きと連動して、広報や展示の充実化に力を傾注してきていることを指摘しています（「国立公文書館の機能・施設の在り方等に関する調査検討会議について」『広島大学文書館紀要』第一八号、二〇一六年二月）。小池氏は現在の国立公文書館の置かれている権限もなく、知名度もないという状況では、この戦略を採ることを「理解が出来ないわけではない」としつつも、肝心の「公文書を管理する」機能の充実化が疎かにされていることへの強い懸念を表明しています。

その懸念は筆者も共有するところですが、ただ、「展示の充実化」自体はむしろ望ましいのではないかと考えています。なぜなら、現在の国立公文書館の知名度の低さを改善するには、目玉商品として日本国憲法の原本などの展示によって人を集め、その中できちんと公文書館の意義を説明する展示も混ぜて、一般的な理解度を上げていくということが必要不可欠だと考えるからです。

日本にアーカイブズを理解する文化があまり存在しない以上、多くの人が訪れて、その意義を理解するための中核施設は、存在する方が望ましいでしょう。また、国会や最高裁見学に訪れる修学旅行や社会科見学の子どもたちが国立公文書館を訪れるようになれば、少しはアーカイブズへの理解度を上げることにつながるでしょう。

ただ、「それだけ」に止まってしまうことには大きな懸念があります。

まず、単に展示・学習施設の充実化を前面に出してしまえば、歴史博物館と何が違うのかという疑問が提示されてしまいます。歴史公文書を博物館に持っていって展示すればよいという意見が出かねません。

あくまでも公文書館の一義的な目的は、歴史的に重要な公文書の移管を各機関から受け、それを保存して公開し、行政の説明責任を全うすることにあります。よって、「機能」の充実化が最も優先されるべきことです。今回の計画では、書庫の大きさは、現在の本館とつくば分館を足した大きさよりも広いスペースが想定されており、閲覧室の大きさも広げるなど、施設の拡張はなされていることはうかがえます。

問題は「機能」をどう強化するかです。展示を充実化させるということは、所蔵資料を充実化させることが必要不可欠です。しかし、今現在、各行政機関から国立公文書館に、重要な資料がきちんと移管されていると言い切れるでしょうか。例えば防衛省は、その多くの重要資料を廃棄するか、もしくは文書の保存期間を延長して、省内に維持しようとし続けています。特定秘密のような重要文書も、果たしてこれから国立公文書館にきちんと移管をされるのかは保証の限りではありません。

現在、どの文書を移管・廃棄するかは、各行政機関の側に一次的な決定権があります。内閣府公文書管理課などが、廃棄される文書のリストのチェックは行っていますが、どこまで重要な文書を残せているかは不明です。また、国民への説明責任を果たすための文書を、現場の人たちがきちんと作成してファイリングしているかも、現状では心もとないのです。

つまり、現在の国立公文書館は、移管されてきた文書を受け入れることしか、事実上できない施設として位置づけられているのです。公文書がきちんと作成・管理され、歴史的に重要な公文書が国立公文書館に移管されて公開される仕組みを、もっときちんと整備する必要があるでしょう。

調査検討会議の委員の中でも、これまでの公文書管理制度の整備の経緯を知っている人は、この問題に気づいています。例えば、福田康夫官房長官時代以来、この問題に有識者会議の委員として断続的に関わっている加藤陽子東京大学教授（日本近代史）は、「基本的な史料の選別・移管・収集」の大事さと、「利用請求の事務の効率化」といった利用しやすさへの配慮をすべきだと述べています。また、同様にこの問題を長らく報道し続けていた、松岡資明《ただあき》元日経新聞編集委員も、同様の指摘をしています（第一七回議事録、二〇一六年一一月三〇日）。

目先の展示施設など、あまり派手なところに目が行きすぎて、本質的な機能強化を疎かにしないことが肝要です。

専門職の育成

さて、この「調査検討報告書」に沿って施設を作るとなると、現在の国立公文書館の職員数ではまったく足りないことは明白です。

そもそも国立公文書館は、二〇〇一年に独立行政法人とされてしまい、国家機関ですらありません。正規職員の定員は、二〇一七年で定員が五三名。これに非常勤職員が約一〇〇名いるとされていますが、米国の公文書館二七〇〇人、韓国の公文書館三四〇人という人員数と比べると、比較にならないぐらい少ないのが実情です。展示や広報などにも人員は必要でしょうし、レファレンスの強化もうたっているので、文書管理を専門とするアーキビストも大量に必要になるでしょう。少なくとも現在の倍以上（一〇〇人以上）の正規職員を抱えるぐらいの数にならなければ、三万平方メートルにもなる規模の施設を使いこなすことはできないでしょう。

国立公文書館の加藤丈夫館長によれば、国立公文書館は、アーキビスト養成のための「職務基準書」を作る準備をしているとのことです（第一七回議事録）。「職務基準書」とは、アーキビストとして必要な能力や要件を定めた基準であり、米国や欧州各国などでは、これに基づいて各教育機関にカリキュラムが組まれています。日本では、現在こういった基準が存在していません。国立公文書館としては、基準に則った課程を修了した人に何らかの認証制度を作り、専門職として認定されるようにしたいとしています。

現在は、日本アーカイブズ学会が「学会登録アーキビスト」という制度を設け、独自に基準を作って資格を認定し、専門職制度の確立を目指しています。こういった既存の制度とのすりあわせも必要となるでしょう。

アーキビストが専門職として認められることは、公文書館関係者の長年の悲願でもあります。ただ、実際に「職務基準書」に基づいた教育カリキュラムが大学などで作れるかというと、カリキュラムを柔軟に変えられない現行の大学制度の下では、簡単ではないかもしれません。

国立公文書館の新館建設とともに、この専門職問題も、どのような推移をたどるのか注目が求められるところです。

第一四章　公文書館と家系調査

公文書館のユーザー

二〇一五年一二月に、研究調査のために、英国の国立公文書館（The National Archives=TNA）を訪問しました。

TNAはロンドン地下鉄のキューガーデン（王立植物園）駅を降りて、住宅地を数分歩いたテムズ川のほとりにあります。建物の総床面積は約六万五〇〇〇平方メートルで、日本の国立公文書館本館の約六倍の大きさがあります。

中に入ってすぐに目に付くのは、明らかに研究者ではないだろうと思われる老人たちがそこかしこに座っていることです。日本の公文書館では、自分と同業者だなという雰囲気

1　英国国立公文書館に設置された「ロンドン家系調査センター」

の人としか会わないのとは大きな違いです。

彼らの目的は、自分たちの先祖をたどろうとする「家系調査」です。家系を調査する学問は系譜学（Genealogy）と呼ばれますが、欧米では趣味の一環として一般市民が取り組んでいるケースが多いです。TNAはこのニーズに応えるために、「ロンドン家系調査センター」（London Family Search Centre）という専門のブースを閲覧室に設けており、関連する資料が大量に置かれているのです（写真1）。

この家系調査センターで調査できるのは、過去の国勢調査の記録や出産、結婚・離婚、死亡届、相続税の支払い記録、軍隊での従軍記録などです。古い電話帳や住宅地図、軍隊

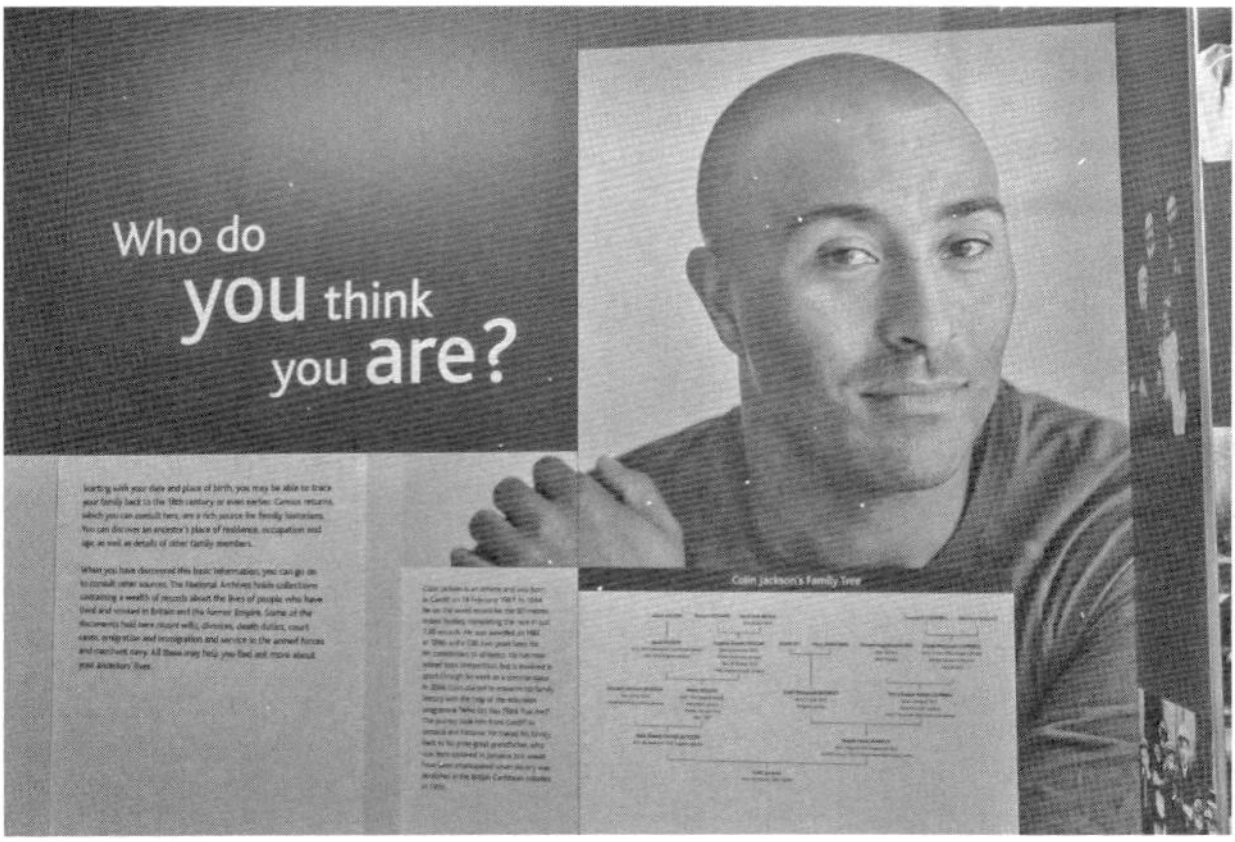

2　ＢＢＣで放映された陸上競技選手コリン・ジャクソンの祖先探し

名簿などの図書は開架されており、自由に手に取ることができます。また、検索用のコンピュータも置かれており、カンタベリー大主教の下におかれていた大主教特権裁判所（Prerogative Court of Canterbury　一定以上の財産を持っている人が死亡したときの遺言状を検認していた）が所有していた遺言状などを検索することができるのです。センターには専属のアーキビストがおり、利用者へのレファレンスが行われています。

ＴＮＡの入口にある公文書館を紹介するための展示室には、一九九〇年代に陸上のハードル競技で活躍したコリン・ジャクソンが、ＢＢＣのテレビ番組“Who Do You Think

You Are?"（NHKのテレビ番組「ファミリーヒストリー」はおそらくこれを参考にしている）において、自分の祖先を探した話が紹介されています（写真2）。また、看護師の専門性の向上に尽力したフローレンス・ナイチンゲールに関する資料がどのように調べられるのかを、資料番号などを具体的に引用しながら説明されているのです。

3　英国の家系調査を専門とする月刊誌
"Your Family Tree" の表紙

売店をのぞいてみると、家系調査のマニュアル本が並んでいます。筆者が一番驚いたのは、家系調査を専門とする「月刊誌」が売られていたことです。その中の一つである"Your Family Tree"という雑誌を見ると、教会や裁判記録の調べ方や過去の偉人の家系調査の紹介などが事細かに記されています（写真3）。広告を見ると、家系調査を専門に行う業者、家系調査に必要なデータが付属しているPCソフトの販売などがあり、家系調査が市場として成立していることがよくわかります。

家系調査と日本

自分のルーツを探るという家系調査を行う人が多いのは、英国だけの現象ではありません。米国の国立公文書館においても、ワシントンD.C.の中心部にある本館には、家系調査に訪れる人のために移民関係の記録などが集中的に置かれており、研究者がよく使う資料は、車で三〇分ぐらい行ったところにあるメリーランド州カレッジパークの分館にあります。

欧米の公文書館は、家系調査の利用者を重要なユーザーとして認識しており、その対応を主要な事業の一つとしています。欧米で一般的に公文書館の認知度が高いのは、このような家系調査を行うユーザーがおり、身近な歴史を調べるときに公文書館が利用されているためです。

では、日本ではこのようなことが行われているのかといえば、ほとんど行われていないと言ってよいでしょう。

日本の場合、以前から述べているように、国立公文書館を始めとする公文書館に予算と人員が不足しており、そもそもとして家系調査専門の部局を置く余裕はないのです。

だが、それだけでなく、日本固有の問題があります。それは、被差別部落問題です。

日本において家系調査の根本資料となるのは「戸籍」となります。家族法が専門である早稲田大学の棚村政行教授は、「人が生まれてから死ぬまでを家族関係によって一元的に管理するシステムは、日本特有と言ってよい」と話しており、欧米にはこのような仕組みはないとのことです（「朝日新聞」二〇一〇年八月二八日朝刊）。

戸籍は長らく、手数料さえ払えば、誰でも請求して証明書を取得することができました（一九七六年から事由の申告が必要となり、二〇〇八年に戸籍記載者や直系親族からの請求に限定された）。ところが、これを悪用し、就職や結婚の際、相手が被差別部落の出身者かどうかを確認するための手段として利用されることが起きていたのです。特に、近代国家になって最初に作成された壬申《じんしん》戸籍（一八七二年）には、被差別部落の出身者であることがわかる情報が含まれていることが多く、興信所に狙われることが多かったのです。

そのため、部落解放同盟は、壬申戸籍の廃棄・回収を要求する運動を起こしました。これに対し法務省は、一九六八年三月二九日に民事局長通達で、壬申戸籍の閲覧を禁止すること、行政文書として廃棄手続きを取った場合、市町村もしくは法務局や地方法務局で厳重に包装封印して保管することとしました。相続関係の資料でもあり、明治初期の人口構成や差別の実態などを解明するための歴史資料でもあるので、焼却処分にはされなかったようです。当時の法務省の調査によれば、全国三三八六市町村のうち、二六四四市町村で壬申戸籍は保管されていました（「朝日新聞」一九六八年四月二一日朝刊）。この時点で、すでに廃棄されてなくなっていたものも一定数あったことが見てとれます。

現在では、壬申戸籍の多くは、法務局や地方法務局に集められているとされていますが、閲覧は直系の親族であってもすることはできません。情報公開法が施行されてから、壬申戸籍を法務局に開示請求した人はいますが、廃棄処分されたものを法務局が保管しているだけで「行政文書ではない」として却下されています。情報公開・個人情報保護審査会に不服申立てが行われたケースもありますが、審査会は法務省の説明どおりに申立てを却下しています（平成一三年答申第八号、平成一七年度〈行情〉答申第五五号）。よって、純粋に家系調査を行いたいと思っても、壬申戸籍を閲覧することはできず、記載情報の入手はできないのです。

また、江戸時代以前にさかのぼろうとすると、檀家《だんか》となっている寺院の「過去帳」を探すことになります。「過去帳」は戒名や死亡年月日などが記された帳簿ですが、これも被差別部落の人の戒名に差別的な文字（「賤」「隷」など）をあてているケースなどがあり、一九八〇年代以降、各宗派は過去帳の外部への閲覧を禁止し、差別戒名の書き直しを進めています（「朝日新聞」二〇一四年一一月一六日朝刊）。よって、これもまた外部から閲覧することは難しいのです。

家系調査支援の可能性

このように、日本では家系調査を行う場合、公文書をさかのぼって調べることに強い制約がかかります。そのため、欧米のような研究者以外のユーザーを獲得することが難しく、知名度が上がらない一つの原因となっているのです。

現在の戸籍に登載されているのは生存者のみです。死去した人は「戸籍」から「除籍簿」に移されますが、除籍簿の保存期間は、一九六二年までは五〇年、二〇一〇年までは八〇年、現在は一五〇年となっています（戸籍法施行規則第五条第四項）。平均寿命が延びてきたことに伴い、相続の資料として残す必要があって保存期間が延ばされてきたのです。保存期間が満了した際にすぐに廃棄するかは市町村によりますが、明治以降の除籍簿で実際に廃棄されているものはすでにあるでしょう。廃棄されてしまえば、死去した人の基本情報は入手できなくなります。

筆者は壬申戸籍も含めた戸籍関係の資料は、日本国民が生きた証《あかし》となる基礎資料であることや個人情報の流出を防ぐため、国立公文書館に集中的に移管して永久保存するべきだと考えています。現在の公文書管理法は、国の公文書しか移管することができない仕組みになっているため、市町村の公文書である戸籍や除籍簿を移管するには法改正が必要となります。今は予算も人員も足りないかもしれませんが、いずれは、原本閲覧は無理としても、直系の親族には情報提供が可能な仕組みができれば、公文書館への理解度を増すことにつながるでしょう。

アーキビストの森本祥子東京大学准教授は、「公的なアーカイブズが特定の利用ニーズをあえて作り出してまで利用者を増やすことに正当性があるのか」とし、家系調査へのニーズを意図的に公文書館側が掘り起こすことは、今の段階では優先することではないと述べています。一方、家系調査をする利用者が増えれば、今までアーカイブズに縁のなかった利用者が「記録が残されていることの重要性」に気づく可能性があることを指摘しています（「日本のアーカイブズで家系調査は可能か」『海港都市研究』第五号、二〇一〇年三月）。

また、最近では「自分史」を書くことが流行しており、「朝日新聞」では二〇一四年から「朝日自分史」という自分史作成支援事業を始めています。また、家系図を作ろうとする人も増えていると言われており、家系図作りを請け負う行政書士事務所は全国で数十あるとされます（「朝日新聞」二〇一〇年一二月二一日朝刊）。家系調査への需要は、日本でも十分にあるのではないかと思われます。

差別問題が絡んでいる以上、実務面に落とすと実行の困難は予想されますが、公文書館をより身近なものにしていく一つの可能性として、検討することはありえるのではないでしょうか。

第一五章　立法文書の保存と公開

国会の公文書

情報公開法が国の「公文書」のすべてを対象にしているわけではないことはご存じでしょうか。

情報公開法は「行政機関の保有する情報の公開に関する法律」が正式名称です。「独立行政法人等」のバージョンも別に存在します。よって、情報公開法が対象にしているのは、「行政機関」と「独立行政法人等」（日本銀行なども含む）に限定されているのです。

この対象から外されているのは、当然、三権の残りの「司法」と「立法」です。本章では「立法」の公文書について考えてみましょう。

日本で立法機関とされるのは、国会、つまり衆議院と参議院です。また、国会に属する機関として、国立国会図書館、裁判官訴追委員会、裁判官弾劾裁判所があります。これらは、情報公開法も公文書管理法も適用されていません。

このように説明をすると、「国会は議事録を公開しているではないか」と言われる方もいるでしょう。憲法第五七条では、本会議の公開と議事録の公表を義務づけられています。今では、委員会の議事録もウェブ上で公開されるようになり、過去にさかのぼって文字検索可能な「国会会議録検索システム」も存在しています。

しかし、委員会の議事録はかつて入手するのが大変でした。衆議院では、一九九四年まで、規則上は、委員会の議事録や参考書類は議院外に持ち出すことが禁止されていたからです。筆者は、ウェブ上での検索ができるようになるまでは、国会図書館の議会官庁資料室に行って、紙の議事録をひたすらにめくって調査を行っていた記憶があります。なにしろ古い委員会議事録が揃《そろ》っている図書館は、国会図書館など限られた所しかなかったのです。

ちなみに現在でも、本会議は希望すれば傍聴することは可能ですが、委員会は議員の紹介かつ委員長の許可がないと、傍聴することはできません。ですから、インターネット中継が始まったことで、傍聴が簡単にできるようになったことは大きいのです。しかし、映像を公開し続けるべきだと主張した議員がいた衆議院では、二〇一〇年一月以降の映像をウェブ上で公開し続けていますが、そのような議員がいなかった参議院では、会期終了一年後には公開を終了しています。

つまり、国会関連の情報は、それほど公開が自明に行われてきたわけではないのです。インターネットが普及するにつれて、議事日程や法律案、質問主意書・答弁書がウェブ上に公開されるようになり、アクセスがものすごくしやすくなりました。ですが、今でも、委員会の審議などで委員に配付されている参考資料や、映像に見せるために質問者が作るフリップについても、議員が自ら公開する場合もありますが、国会からは一切公開されることはありません。議事録を見ていると「手元の資料によれば」といったやりとりが、そのまま残っていることがあります。つまり、その「手元の資料」が何であるかを調べることは現状ではできないのです。

立法文書の分類

では、そもそも立法機関の作る公文書とは、どのようなものを指すのでしょうか。まず大きく分けると、①補佐・附属機関の文書、②会派・議員事務所の文書、に分類できます。①は、議員活動の補佐をする両院の事務局や法制局、国立国会図書館などが保有している文書で、②は議員や議員集団の会派が所有している文書です。

なお、②を一律に情報公開の対象とするのはそもそも難しいでしょう。議員活動の自由の保障という観点から見ても、望ましいとはいえません。政治資金などについては、別の法律によって公開義務を課せられていますから、公開の必要のある文書については個別法での対応ということになるでしょう。

①は表のように分類できます。

1、2は衆参両院にそれぞれ存在します。2、4、5は情報公開制度が存在しないため、内部でどのように文書を分類しているかは不明です。1、3については、Aに情報公開制度が作られています。

表　補佐・附属機関の文書

1 事務局文書	A 議院行政文書（参議院は「事務局文書」）	情報公開対象
	B 立法及び調査に係る文書（立法調査文書）	非公開
	C その他（衆議院憲政記念館、参議院議会史料室にある歴史文書）	目録化されているものは公開
2 法制局文書		非公開
3 国立国会図書館文書	A 事務文書	情報公開対象
	B 図書館資料	図書館で閲覧可能
	C 立法及び立法に関する調査文書（立法調査文書）	非公開
4 裁判官訴追委員会文書		非公開
5 裁判官弾劾裁判所文書		非公開

1の事務局文書を説明すれば、おおよそ残りも説明がつくので、ここを中心に説明してみましょう。

Aは事務局が行政事務（会計や人事など）を行うために作成・取得された文書のことを指します。Bは本会議や委員会の議事録、衆議院公報、議事総覧（議員に配付される議案などを編集・製本したもの）といった会議に関する文書のほかに、委員会や会派、議員個人からの調査依頼に対して事務局が作成した回答文書なども含まれます。Cは歴史文書として、別途保管している文書です。衆議院では、憲政記念館に過去の席次表や開会式の天皇の「お言葉」が保存されています。参議院では、議会史料室に貴族院時代の文書などが保存されています。

Aは情報公開請求を行うことができます。しかし、立法機関には情報公開法がないため、あくまでも自発的に行っている制度にすぎません。そのため、行政機関では義務化されているファイル管理簿のウェブ上公開がないなど、どのような文書を持っているかを把握することも簡単ではありません。

二〇一一年に、衆議院事務局にウェブ上に目録を公開しないのかと聞いたところ、「そのような需要はないし、要望を聞いたこともない」との答えでした。情報公開制度は、需要があるかないかではなく、市民が調べたいときに情報にアクセスできるようにすることが肝要です。事務局に直接行かないと目録が見られないというのでは、「需要がない」ではなく「需要を作り出さない」ようにしているとしか思えません。この事務局の姿勢は、対外的には情報公開制度を作らざるを得ないから仕方なく作ったというアリバイ作りにしかなっていないのです。

Bの「立法調査文書」には、議事録なども含まれているため、自発的に国会が公開しているものも存在しますが、議員からの調査依頼に関する文書はすべて非公開です。関連する2や3のCもまったく公開されていません。

関係者の話だと、これらが非公開となっているのは、公開すれば議員活動に制約が出るからとのことです。例えば、表向きはある法案に反対をしている議員が、裏では賛成に転じるための資料を調査していたといったことが明らかになれば困ることになるというのです。また、ある一定の情報（例えば原発関連）を集中的に調査していることが明らかになれば、そこに業界団体が圧力をかけにくる可能性もありえます。

さらに別の理由として、どの調査資料を公開・非公開にするかを、法制局や国会図書館側が決めることは、中立性を疑われる可能性が出てきてしまうので難しいというのです。

しかし、この「立法調査文書」は、国会での政策決定過程を解明するためには非常に重要な資料です。また、普段から国会議員がどのような活動をしているのかを明らかにすることにもつながります。特に、行政側に資料が残りにくい議員立法の政策立案関連の文書は、法制局などに残っている可能性は高いです。なので、リアルタイムに公開ができなくても、例えば本人が国会議員でなくなってから一〇年後に公開するとか、本人の議員活動に影響が出ない形での公開方法を模索するべきではないでしょうか。

立法過程の透明化

法学者の田島泰彦氏は「国民主権の観点からは、国民の代表機関である議会こそ真っ先に公開され、その活動が広く国民に知らされ、議会情報への国民のアクセスが十分に確保されねばならないはず」であると主張しています(「国会・裁判所の情報公開―立法と司法も透明性が求められている」『法学セミナー』一九九九年一〇月号)。よって、立法文書の公開は、立法過程の透明化のためにさらに積極的に行われる必要があります。

そのためには、立法機関の公文書管理法や情報公開法が制定されるべきです。きちんと文書を作成し、公開できる情報は積極的に公開する。すぐに公開できないものは、いずれは歴史資料として公文書館で公開できるような仕組みを作るべきなのです。

立法機関から国立公文書館への文書移管は、現在の公文書管理法上は可能です。しかし、筆者の私見ではありますが、立法機関に関しては、議事録などの国会発生情報を網羅的に収拾している国立国会図書館内に「立法公文書館」を設置すべきではないかと考えています。なぜなら、国会図書館は、立法文書の扱いに精通しているし、現在の国立公文書館よりもはるかに予算規模も人員も多いからです。また、委員会での配付資料などを収拾して議事録と共に開示するなど、法案作成過程の透明化にリアルタイムで貢献する機関として位置づけ、ただ単に歴史資料を保存・公開するのではない「立法公文書センター」のような形も模索できるのではないでしょうか。

これらの改革は、立法機関のルールである以上、国会議員が法律を作る必要があります。公文書管理法の附則には、国会の文書管理のあり方について検討すると書かれていますが、議員たちの動きは極めて鈍いというのが実態です。また、市民側からの立法公文書管理法や情報公開法への要求もそれほど強くない状況が続いています。

国会の透明性を高めるためには、ぜひとも必要な法制度ではないでしょうか。

第一六章　東京都公文書管理条例の制定

「一丁目一番地」

二〇一七年六月七日の東京都議会において、情報公開条例の改正案と公文書の管理に関する条例案があっさりと可決されました。都議会選挙の前であったこともあり、報道はほとんどされず、筆者もたまたま気づいた人のツイッターを見て、初めて知ったありさまでした。

この二つの条例案は、築地市場の豊洲への移転に関する問題から提案されました。移転先の豊洲市場の主要建物の下に盛り土がされなかったことについて、計画を変更した公文書がほとんど残っていなかったからです。当時の関係者へのヒアリングが何度も行われましたが、責任逃れの発言をする者が相次ぎ、結局は盛り土をしないことを決めた責任者は最後までわかりませんでした（第八章）。

そのため、小池百合子知事は、情報公開条例の改正や公文書管理条例の制定に意欲を見せました。特に情報公開を「都政への信頼回復の一丁目一番地」とし、各種審議会やその議事録の公開などを積極的に行うことを主張しました。六月九日の定例記者会見においては、「基本的に記録は残す。そして、重要な文書については、所管課限りでなく他部署が関与するダブルチェックにより廃棄するというのが、今回の公文書管理のポイントにもなっているわけでございます。やはりこういった行政である以上は、しっかりと情報の管理、公文書の管理をするというのは当然の話だと思います。また、必要な資料などがあるのかどうかということについては、きちんとしておけば、それは資料として残るべきものであり、また、調査の必要があるときには、それに応えるというのが普通の流れかと思います」と述べ、重要な文書が残るような仕組みにしたと胸を張りました。

しかし、東京都の公文書管理条例を実際に見てみると、首をかしげるようなことが非常に多く見られます。国に公文書管理法がある以上、それを踏まえて作ればよいにもかかわらず、明らかに後退しているところが散見するのです。次項から内容をチェックしていきたいと思います。

公文書管理条例の理念

まず、公文書管理条例の第一条は次のようになっています。

　この条例は、都政運営に関する公文書が、都民による都政への参加を進めるために不可欠な都民共有の財産であることを明らかにするとともに、公文書の適正な管理が情報公開の基盤であるとの認識の下、公文書の管理について基本的な事項を定めることによりその適正な管理を図り、もって都政の透明化を推進し、現在及び将来の都民に対する説明責任を果たすことを目的とする。

これを国の公文書管理法と比較すると、いくつかの内容が抜け落ちていることがわかります。一つは、「公文書」を国では「国及び独立行政法人等の諸活動や歴史的事実の記録である」としていますが、都の条例からは「歴史的事実の記録」という点がスッポリと落ちているのです。これは後で説明するように、歴史公文書をこの条例が無視していることに起因しています。

また、管理法には「主権者である国民が主体的に利用し得るものであること」として、公文書を利用できることが主権者の権利であると書かれていますが、条例には「都民の権利である」とは書かれていません。さらに、「行政が適正かつ効率的に運営されるようにする」という記載も落とされており、行政にとっても必要だという視点が抜け落ちているのです。これでは都が「やらされている」感がぬぐえない書き方です。

次に、文書の作成にあたる部分です。条例では、「実施機関は、政策の形成過程及びその実施について、この条例に定めるところに従い、公文書を適正に作成し、及び管理しなければならない」（第三条）とあります。公文書管理法によれば、「行政機関の職員は、第一条の目的の達成に資するため、当該行政機関における経緯も含めた意思決定に至る過程並びに当該行政機関の事務及び事業の実績を合理的に跡付け、又は検証することができるよう」（第四条）文書を作成しなければならないとあるのです。

この二つの文を比較すれば、条例がいかに貧弱な作成義務しか置いていないかがよくわかります。管理法では「第一条の目的の達成に資する」として理念との関係が明確にされていますが、条例では理念がリンクされていません。また、「合理的に跡付け、又は検証」といった言葉もないため、何のために文書を作成しなければならないのかという理由が欠けているのです。森友学園や加計学園の問題において、財務省や文科省を管理法の理念に反して文書をきちんと作成していないと批判できたのは、公文書管理法の理念や政策決定過程を合理的に跡付けるという法の趣旨に違反していると指摘できたからです。

文書の移管と廃棄

公文書の廃棄については、東京都公文書館へ引き継ぐもの以外は廃棄とのみ規定されており、管理法にあるような内閣総理大臣の承認が必要（一年以上の保存期間が設定されているすべての文書の廃棄は、内閣府公文書管理課のチェックが必要）であるといった他機関によるチェックが条例で規定されていません。ただ、小池知事は「所管課限りでなく他部署が関与するダブルチェックにより廃棄する」として、重要な文書がきちんと残ると胸を張っています。

この発言の理由は、二〇一七年四月に東京都文書管理規則が改定されているからです。ただ、この規則をよく読むと、文書の廃棄は所管の各課長が命令し、「重要な文書等」を廃棄する際は局の庶務主管課長の承認も必要とされているにすぎません（第五三条）。ダブルチェックを受けることになる「重要な文書等」を選んでいるのが所管課である以上、所管課が「重要でない」として政策決定過程がわかる文書を捨ててしまっていれば、ダブルチェックは機能しません。

歴史的に重要な公文書が、東京都公文書館へ移管されることは規定されました。しかし、管理法には存在する歴史公文書への「利用請求権」に関する規定がありません。つまり、公文書館に移管された公文書の閲覧において、利用者に閲覧する権利はなく、あくまでも「お願いして見せてもらう」立場にすぎないのです。

公文書館の利用方法が定められている「東京都公文書館における公文書等の利用に関する取扱規程」には、文書に記載された情報を不開示にする規定が情報公開条例に準じて広範囲に設定されています。不開示に対する異議申立ても、館長が文書の移管元である所管課に聞いて回答するとしか記載されておらず、不開示決定を問題として第三者機関で争うことができないのです。

ほかにも挙げていればキリがありませんが、要するに先例となるはずの国の公文書管理法を踏襲せず、相当に後退した形で東京都公文書管理条例は決められているのです。

拙速だった条例審議

小池知事の自慢げな説明とは裏腹に、公文書管理条例は都職員による骨抜きがしっかりと行われてしまったようです。小池知事は、これまでの公文書管理法や情報公開法に対するスタンスを見ても、それほどこれらの制度に精通しているとは思えません。

小池知事が決めた豊洲と築地と双方に市場機能を残す方針について、「毎日新聞」が情報公開請求をしたところ、財源や運営費など検討した記録が都に残っていませんでした。そのことを質問されて、「最後の決めはどうかというと、人工知能です。人工知能というのは、つまり政策決定者である私が決めたということでございます。回想録に残すことはできるかと思っておりますが、その最後の決定ということについては、文章としては残しておりません。『政策判断』という、一言で言えばそういうことでございます」（二〇一七年八月一〇日記者会見）というコメントを残す方です。文書がなくて問題になっている豊洲問題の解決策を決めるのに、文書を作成していないと平然と答えている点からも、知事がこの問題の本質を理解できていないことがよくわかります。

よって、知事が制度を理解できていないのをよいことに、都職員が、これまでの文書管理のあり方をできる限り温存できるように制度設計を行ったと考えたほうがよさそうです。

そもそも、四月に公文書管理条例へのパブリックコメントが行われた際、条例の骨子だけが提示されて、それに意見を求めるという形がとられました。筆者はそれを見て、都職員が「アリバイでパブコメを行っているな」としか思えませんでした。情報公開クリアリングハウスの三木由希子理事長は、それはおかしいとして、公文書管理条例などを審議していたと思われる東京都情報公開・個人情報保護審議会の三月分会議の資料などを情報公開請求したところ、公文書管理条例案は全面不開示とされたとのことです（情報公開クリアリングハウス理事長ブログ、二〇一七年四月二四日 https://clearing-house.org/?p=1592）。

条例案すら公開しようとしなかった都の姿勢は、細部への批判をおそれてのこととしか思えません。東京都議会の議事録をチェックしても、あまり細かい条文の審議は行われておらず、「拙速」という言葉が似合う結果となったと言えましょう。

よって、今一度この公文書管理条例を見直した上で、本当に公文書がきちんと作成・管理されて、都民への説明責任を果たせるものなのか、検討が行われるべきです。七月の都議会議員選挙で、小池知事率いる都民ファーストの会などの与党は過半数を獲得しましたが、公文書管理制度がこれできちんと機能するかを議員たちが監視すべきでしょう。

公文書管理をめぐる不祥事が繰り返し起きるなかで、公文書管理法の意義が理解されてきたように、東京都でも、豊洲のような公文書管理をめぐる不祥事が再度起きることで、この条例の問題性が理解されるようになるのかもしれませんが。

第一七章　公文書管理法改正を考える

公文書が無い……

二〇一七年に入って、安倍内閣の支持率が急落しました。

報道各社の七月の世論調査では、「毎日新聞」は二六パーセントにまで下がり、安倍内閣支持の「産経新聞」・FNNの調査ですら三四・四パーセントと、第二次安倍政権発足以後で最低の支持率を出したのです。森友学園や加計学園など、安倍晋三首相や昭恵夫人に親しい者に対する便宜供与を疑われたことが、支持率の激減につながったことは想像に難くありません。

この二つの問題と南スーダンPKOの日報破棄問題で、安倍政権は公文書管理法違反という批判をメディアや野党から浴びせられ続けました。「知らぬ存ぜぬ」とごまかそうとした安倍首相や稲田朋美防衛相などは、防衛省や文科省などから次々とリークされる情報や文書によって、苦しい国会答弁を強いられ続けました。口頭で自分たちは便宜を図ったことはないと主張しても、森友学園に値引きした経緯を記した行政文書が残っていないなど、自分たちの判断に問題がなかったという証拠を挙げることができなかったのです。

特に加計学園問題については、内閣府から文科省にさまざまな圧力がかけられていたことが次々と文書によって明らかになる中で、内閣府側は何も文書を出さずに、そのような圧力をかけていないと反論しました。どちらが信頼されるかは、火を見るより明らかでした。

結局、行政文書をきちんと作成し、管理していなかったがゆえに、自分たちの政策決定の「正しさ」を内閣府は証明できなかったのです。

ガイドライン改正

菅義偉官房長官は二〇一七年六月二一日の定例記者会見において、行政文書の基準を見直すなどと発言しました。しかし記者会見の映像を見ると、二〇一六年三月に出された「公文書管理法施行5年後見直しに関する検討報告書」に基づいた改正を行うと言っているにすぎません。公文書管理法は附則で施行五年後に見直しを行うとされていたため、作成された報告書です。

しかも、この報告書は、ある専門家の言葉を借りると「とっても中身がなくて『素敵』な文書であり、筆者も、抽象的で曖昧で具体策が書かれていないとの批判を自分のブログで行いました。それから一年半経過して、改革がやっと行われはじめたという状態というのが実際のところです。担当する内閣府公文書管理課が、見直しにあまり積極的でないとの話を関係者から聞いており、落胆した記憶があります。

そして、二〇一七年七月七日に公文書管理委員会が開かれ、「行政文書の管理に関するガイドライン」の見直しが審議されました。

まず、「歴史公文書等」（歴史資料として重要な公文書など）の範囲を明確にすることが取り上げられました。公文書管理法第四条にある「経緯も含めた意思決定に至る過程並びに当該行政機関の事務及び事業の実績を合理的に跡付け、又は検証することができるよう」

文書を作成するという趣旨を明確にするため、「当該文書を参照することで、事案の発端から意思決定に至る行政機関の活動を検証することが可能となるもの」といったような記述を、ガイドラインに追加するという提案です。ほかにも、重要な文書が残るように記述を詳しくすることが提案されていました。

一見すると、これは良い改革だと思われる人も多いかもしれませんが、歴史公文書等だけではなく、行政文書の作成をきちんとする改革をセットで行わないと、実効性がなくなりかねないとの危惧があるのです。

また、報告書には書かれていなかったのですが、一年未満に保存期間を設定できる範囲を明確にすることや、廃棄する場合の責任の所在を明確にすることなどが検討されることになりました。

一年未満文書をどうするか

ただ、一年未満文書は、内部の官僚以外の人の目に触れないまま廃棄されてしまうため、実態がまったく摑《つか》めていないのが実情です。そのため、どのように改革をすればよいのかが難しいのです。そんな中で、「朝日新聞」（二〇一七年七月一〇日朝刊）が興味深い調査報道を公表しました。

情報公開法施行の二〇〇一年以後に、情報公開請求をしたが文書が出てこなかった（不存在）あるいは墨塗りにされた（非公開）ことへの不服申立ての記録（情報公開・個人情報保護審査会の答申書）約一万件を検索し、「一年未満」の文書が争点となっている二三二件を分析した結果、さまざまな重要と思われる文書が、「一年未満」で廃棄されていることが浮かび上がってきたのです。

防衛省は、周辺有事の自衛隊の対応をまとめた「統合防衛戦略」（二〇一四年）の立案にあたって作成・収集した文書を、一年未満で廃棄していました。外務省は、「日朝平壌《ピョンヤン》宣言」（二〇〇二年）についての国会想定問答集を一年未満で廃棄していました。復興庁は、「朝日新聞」がスクープした福島原発の避難区域解除関係の文書を「保有していない」とし、「政府が意思決定を行う場ではないため、保存期間一年未満として廃棄したと考えられる」と説明しました。

ですが、そもそも保存期間を「一年未満」にしてよい文書は、「軽微なもの」に限られています。公文書管理法制定に有識者として関わり、公文書管理委員を設立当時から現在まで務めている三宅弘弁護士は、「『一年未満』がここまで抜け道として使われているのは、公文書管理法の精神に反する」「一年未満の区分は廃止するか、要件をもっと具体的にすべきだ」とコメントしています。

各行政機関が、自分たちの判断で廃棄することができるようにするために「一年未満」を抜け道として濫用していることは明白です。実態の調査は徹底的に行われるべきです。

野党の公文書管理法改正案

二〇一七年六月九日には、民進党・共産党・自由党・社民党の野党四党は、衆議院に公文書管理法改正案を共同提案しました。これは特定秘密保護法案の対案の一つとして二〇一三年に民主党（当時）が提案したものをベースとし、安保法制の成立後の二〇一六年に改訂し、今回さらにバージョンアップさせて野党共同の法案にしたものです。

今回の一連の問題への対応にあたる部分は、以下のとおり。

①行政文書の三要件（職務上作成・取得、組織的に用いる、保有している）のうち、「組織的に用いていないから私的メモ」として抜け道に使われがちな「組織的に用いる」を削除。
②電磁的記録（PCなどで作った文書）及び当該行政機関以外の者と接触した記録は、「一年未満」の保存期間にすることができない。
③行政文書をまとめる際には「保存期間を同じくする」文書を一つにまとめることとなっているが、政策を決定した文書とその途中経過を記した文書の保存期間が異なっているために、後者が先に捨てられることが多発している。そのため、「保存期間を同じくする」を削除して決定と経過を一つの行政文書とし、保存期間を最も保存期間の長い文書に合わせることにする。
④保存期間が満了した行政文書であるにもかかわらず、移管も廃棄もされずにとどめられている文書は、現用の行政文書扱いとする。
⑤「行政文書の管理に関するガイドライン」を法定化し、ガイドラインに従うことを徹底させる。公文書管理委員会の権限を強化し、恣意的な公文書管理への歯止めとする。

この改正案は、非常に評価できる点を多く含んでいます。

①は加計学園問題でリークされた文科省の文書が、「私的メモ」として「怪文書」扱いされたようなことを避けるためです。職務上作成・取得した文書は、自動的に行政文書となります。②はＰＣで作成した文書はすべて一年以上の保存期間とし、行政文書として整理しなければならなくなります。文科省では、今回リークされた文書がメールに添付されて関係者に送付されていたことが発覚しており、添付文書がＰＣで作成されていることは明白です。また、他の行政機関である内閣府との打合せの記録も一年未満にはできないようにしてあるのです。

ただ、①②だと一年後に捨てるということになりうるため、③によって、決裁文書と説明文書を同じファイルに残すようにという縛りをかけています。森友学園問題は、土地の売買決裁記録が三〇年保存であっても、途中過程の文書は一年未満として廃棄されていました。③のルールとなれば、売買記録に途中過程の文書を付属してファイルを作らなければならず、文書の保存期間は三〇年となるわけです。

④は南スーダンＰＫＯ文書問題のように、情報公開請求をされないように文書を廃棄処

分しておいて、データを自分たちで所持していたというケースを想定し、廃棄処分をされていてもデータを持っていれば現用の行政文書扱いとなることを明確にしています。

⑤は、ガイドラインを法定化することで公文書管理のルールを厳格化し、きちんと守らなければならないものとして認識されるようにすることです。

この野党案には、情報公開クリアリングハウスが作成した「公文書管理法の改正に関する意見」（二〇一七年四月一二日 https://clearing-house.org/?p=1537）から反映されたと思われる部分が散見するので、この資料も大いに参考になります。

なお、二〇一七年一二月五日には、野党案を若干手直ししたものを、野党六会派（立憲民主党、希望の党、無所属の会、日本共産党、自由党、社民党）が共同で衆議院に提出しました。野党側は、森友問題などの解決策として、公文書管理法の改正を目指しています。

少なくともこの野党案による改正が行われれば、一定の状況改善につながるでしょう。ただ、当然、多くの火種を抱える安倍政権は公文書管理制度の改革には熱心ではないでしょうから、「私的メモ」の範囲を拡大するために、行政文書の範囲をより狭くすることを検討する可能性もありえます。

どのように公文書管理制度が改革されるのか（改悪されるのか）、きちんと監視をする必要があるのです。

第一八章　公文書の正確性とはなにか？

内閣官房の提案

二〇一七年は南スーダンＰＫＯの日報破棄問題、森友・加計問題など、行政文書をきちんと管理していなかったことによる不祥事が相次ぎました。そういった不祥事を防止するため、野党側が公文書管理法の改正案を提出するなど、行政文書の管理をどのように改善していくかが政治課題として注目されることになったのは、前章まで見てきたとおりです。

そこで政府は、九月二〇日に開かれた公文書管理委員会において、内閣官房におかれた「行政文書の管理の在り方等に関する検討チーム」（以下「検討チーム」）による「行政文書の管理において採るべき方策について」（以下「方策」）という文書を提出したのです。

公文書管理委員会は、公文書管理法に基づいて設置されている第三者機関です。公文書管理法の施行令や運用のための「行政文書の管理に関するガイドライン」などを改正する際には、委員会に諮問が行われなければなりません。また、各行政機関の文書管理規則を変更する際にも、事実上委員会の許可が必要となります。つまり公文書管理法の運営の監視をするための機関というわけです。

すでに述べたように、委員会では公文書管理法の運用規定であるガイドラインの改正に取り組んでいました。ただし、森友問題などを受けての改正ではなかったため、一連の問題の解決策については、保存期間を「一年未満」とする文書の取り扱いについてしか、議論がなされていなかったのです。

そのさなかに、突然内閣官房が、「検討チーム」で「方策」を決めたのでこれに沿ってガイドラインを改正してほしいと伝えてきました。しかも、翌日には「公文書管理法に基づく行政文書の取扱いについて（通知）」が、内閣府事務次官から各行政機関事務次官等に向けて出されることが決まっており、ガイドライン改正を待たずに内閣官房の方針が各行政機関に伝えられたのです。つまり、既成事実を先に積み上げることで、公文書管理委員会での議論に制約をかけようとしているわけです。

「方策」の内容

この「検討チーム」は、七月下旬に古谷一之官房副長官補をトップに、内閣官房、総務省、内閣府幹部で構成され、三回の協議を経て「方策」を作成したといいます（「毎日新聞」二〇一七年九月二八日朝刊）。しかし、この「検討チーム」で何が議論されたのかは公開されていません。非常に不透明な経過をたどって出てきた文書と言わざるを得ないのです。

では、この「方策」には、具体的に何が書かれているのでしょうか。特に大きな問題である行政文書の作成に関する部分の要点を挙げてみます。

行政文書の作成については、主に三点の改革が挙げられています。

①文書の作成を定めた公文書管理法第四条に挙げられた事項や、ガイドラインの別表第一に掲げられている事項に関する「業務に係る政策立案や事務及び事業の実施の方針等に影響を及ぼす打合せ等」の文書は作成することとされた。別表第一は行政文書の保存期

間の基準の一覧表で、作らなければならない文書の具体例などが挙げられている。

②国民への説明責任を全うするために「意思決定過程や事務及び事業の実績を正確に表した行政文書を作成する必要」があるとされ、「行政文書の作成に当たっては、正確性確保の観点から、その内容について原則として複数の担当職員による確認を経た上で、文書管理者が確認する」(上司の指示がある場合はその確認も)。また、外部との打合せ等の記録は、「可能な限り、相手方の発言部分等についても、相手方による確認等により、正確性確保を期する」こととされ、「相手方発言部分等について記録を確定し難い場合は、その旨を判別できるように記載」する。

③意思決定過程や事務及び事業の跡付け・検証を適切に行えるようにするため、検討中に随時内容が更新される行政文書については、方針が確定したときの文書と区別するために、どの過程にある文書であるかを明示する(日付や作成者を入れるなど)。

①については、これまで打合せの文書は、確かに別表第一の具体例には挙がっていなかったのですが、説明責任を果たすという法の趣旨からすれば作成することが当たり前です。

ガイドラインに打合せの文書を作成することを明示することで、「文書がない」とする言い逃れが起きないようにする意図でしょう。この改革は望ましいのですが、場合によっては、ガイドラインや別表第一に載っていない打合せの記録については残さなくてよいという受け止められ方をする可能性があるのです。③については、政策決定過程の文書に日付や作成者を入れて、途中過程の文書を残そうという試みであり、この方向性は望ましいでしょう。今後は決定過程が残っていなかったときに、この部分を利用して批判することが可能となるはずです。

ただ、これらの改革が現場で守られるには、定期的な研修や管理体制の充実が不可欠です。その点もこの「方策」には書かれているので、現場に徹底される必要があるでしょう。

行政文書の正確性

問題は②です。この点が今回内閣官房で秘密裏に改革を進めようとした理由となります。官邸側は、加計問題での文科省からの相次ぐ文書のリークに手を焼いていました。そのため、「怪文書」を出さない仕組みにしたいと考えたのでしょう。

まず、注目する点は、正確性を確認する責任者が「文書管理者」となっていることです。「文書管理者」とは課長級の役職の者が務めることになっています。つまり、打合せ記録を作成する場合に、それを「正確な」「行政文書」とみなすかどうかは、課長級が判断するということになるわけです（さらに上司の指示があった場合は、その上司の確認も必要）。

これまでのガイドラインでは、行政文書であるか否かは、上司の判断は必要がなく、行政文書の定義を満たす文書（職務上作成・取得、組織的に共用、現在も保有）が自動的に行政文書になる仕組みです。しかし、課長級が確認する仕組みに変えると、「確認していない」文書は行政文書とみなさない可能性が高くなり、それ以外の文書は個人の私有文書（私的メモ）として扱われる可能性が高まります。

この改革が行われれば、加計問題で文部科学省から流出した文書は、課長級の確認の無い「怪文書」になるわけです。課長級が認めていない文書は、あくまでも「個人が勝手に作った文書」ということにし、情報公開請求の対象にせず、流出したとしても「課長級が認めていないので内容が正確ではない」と言えるようにしたいのでしょう。情報公開クリアリングハウスの三木由希子理事長は、「行政文書の定義や解釈を変えず、手順によって行政文書の範囲を制限するという効果を持つ可能性」があると指摘しています（「メール版情報公開DIGEST」第三〇号、二〇一七年一一月一六日）。つまり、行政文書の定義である「組織的に共用」しているか否かを、「文書管理者が確認する」という手順で認定することで、課長級の恣意的な判断によって、行政文書として認められる文書の範囲を狭めることが可能になるということです。

さらに問題であるのは「正確性確保」に関わる点です。一般的な意味での文書の「正確性」が不可欠なことは言うまでもありません。文書に嘘いつわりが書かれていれば、行政の説明責任を果たせないどころか、行政が歪められることになるからです。ですが、ここで書かれている「正確性」は、「客観性」と置き換えることが可能な意味合いとなっています。よって、行政文書の「客観性」はどこまで追求しうるのかという点が問題となります。

ある政策の最終的な決定を行う文書は、一定の客観性を持つことは疑いないでしょう。しかし、その政策を決定する途中過程に作成される文書において、誰もが納得する「客観性」は保たれるのでしょうか。

例えば、今回の加計学園の問題に置き換えてみます。ある会議において、内閣府が文科省に、官邸の意向であるから今治市に国家戦略特区として獣医学部新設を認めるようにと「忖度」を求めた。この会議において、双方が納得する「客観的」な文書は作成可能でしょうか。当然内閣府側は、発言を文科省が圧力と受け止めたかどうかは「文科省の主観」であって、「そのような意図はなかった」と主張するでしょう。その場合、圧力があったという記述は削除されることになります。

しかし、「正確性」という概念は、立場によって大きく揺れ動くものです。特に政治的に利害対立が起きている政策においては、双方にとっての「正確性」は大きく異なります。双方が同意する議事録を作ることに意味はありますが、それのみで政策決定過程の説明責任を果たそうとすれば、双方が合意した「中立的な」客観的事実しか出てきません。つまり、この方策に従えば、今回文科省からリークされたような文書は、まさしく「怪文書」となってしまうのです。

第一、この「方策」で書かれている「外部」は決して官僚だけではありません。国会議員などの政治家や研究者、民間企業の社員、業界団体の関係者、ＮＰＯ職員なども含まれます。官僚に圧力をかけようとしたり、行政に介入しようとしたりした政治家に、わざわざ打合せの記録を提示して内容の確認を求めるのでしょうか。当然政治家側はそのようなことは言っていないと主張するでしょうし、官僚側もわざわざ政治家の印象を悪くするような議事録は作らないでしょう。「正確性の確保」という名目で、政治家の政治介入が文書から消されかねないのです（ただし、二〇一七年一一月現在でも政治家と官僚の接触記録のほとんどは残されていませんが……）。

また、相手方の確認を求めることは、極めて煩雑なやりとりが必要になり、現場がその時間とコストを負担せざるを得ません。その結果、時間とコストの削減のために、差し障りのない情報しか記載されない文書を作成するインセンティブが働くことになります。双方の意見が割れているような情報は、修正が煩雑になるため、文書として残らなくなる可能性が高いのです。

確かに、「相手方発言部分等について記録を確定し難い場合は、その旨を判別できるように記載する」との記述によって、煩雑な場合は確認を省略できるような書き方になっています。しかし、それで構わないのであれば、最初から外部への確認を義務づける必要はありません。そもそもとして、打合せ後には「業務に必要な」記録を自分たちで作るはずであり、それに基づいて業務が行われる以上、当該行政機関が自分たちで記録を作れば、「正確性」は担保できるはずです。わざわざ虚偽の文書を作成して業務を行う機関はありえません。

そもそも歴史学においては、歴史資料には「真実」が書いてあるのではなく、その執筆者にとっての「事実」が書いてあるにすぎないと考え、他の資料と突き合わせるなど、書かれている内容を批判的に検討することが求められるのが常識です。後から行政をチェックするときに必要な資料は、双方が合意した「中立的な」文書などではなく、双方がそれぞれ「自分たちはこのように考えて行政を行いました」という文書です。それぞれの立場の人たちが、自分たちにとっての「正確性」を追求して文書を残し、双方の文書をのちに公開することで、より多面的な分析を行うことが可能となるからです。今回の加計問題に即するならば、潔白なのであれば、文科省側の文書だけではなく、内閣府側の文書もきちんと公開すればよかっただけの話なのです。

行政文書が歪められる危機

しかし官邸は、両方の文書をきちんと残すよりも、自分たち政治家に不利になるイレギュラーな情報が残らないようにするためにこの方策を考え、公文書管理委員会での議論を事実上封じることで、異論が出ないようにしたのでしょう。そして、この案を踏襲したガイドライン改正案が、一一月八日の公文書管理委員会で提示され、パブリックコメントを経た後、一二月二〇日の委員会で了承され、二六日に内閣総理大臣が決定しました。行政文書のあり方が大きく変わる可能性があり、今後注視していく必要があります。

公文書管理法や情報公開法は、現場の官僚たちが事実に基づいて文書を作ることを前提としています。政治家の意向を「忖度」して公文書が作られることになってしまった場合、公文書の信用性は著しく傷つくことになります。

この「方策」やガイドラインの改正で、加計問題などのさまざまな疑惑自体が解決するわけではありません。公文書管理制度をより良い方向にするためには、制度を変えるだけでなく、政治家も含めて公文書をきちんと作成し、保存し、公開することが、民主主義にとって不可欠であるという原点を理解することが大切です。

政策決定過程を透明化することで、国民が政策に参与したり、意見を述べたりすることができる社会こそが民主主義の理想とする社会です。国民の側も、政治家に政策を委ねてしまうのではなく、自分たちが主権者として政治に関わろうとすることが大切です。その基盤となるのが、公文書管理や情報公開という仕組みなのです。

おわりに

筆者が公文書管理制度に関心を持ち始めたのは二〇〇六年です。筆者の専門は戦後の天皇制研究です。その資料収集のために、宮内庁の情報公開に興味を持ったことが始まりでした。そこから一〇年以上にわたって、公文書管理制度について論じ続けることになろうとは、当初は想像できませんでした。

二〇一一年に公文書管理法が施行されました。当初はあまり注目されていなかったこの法律が、さまざまな問題が起きる中で、次第に注目を集めるようになってきていると感じます。本来ならば目立たないこの法律が注目を浴びるということは、それだけ日本の公文書管理制度が現場できちんと運用されていないという証拠でもあります。その根本には、政策のプロセスがきちんと公開されないという、民主主義のあり方自体の問題が潜んでいます。民主主義の理想とする社会の基盤である公文書管理・情報公開制度への関心が、この本を通じて少しでも深まって下されば、著者冥利に尽きます。

本書の元となった連載は、『時の法令』の編集を担当している雅粒社の編集者から依頼を受けて始まりました。月一回も書くことがあるのかと思って始めましたが、ネタが尽きずに二年近くが経とうとしています。筆者としては書くことがあってありがたいと思う反面、ここまで不祥事が続くことには暗澹《あんたん》たる思いもあります。雅粒社のみなさまには、連載をまとめた本を集英社から出すことも了承いただき、感謝に堪えません。

また、本書はＮＰＯ法人情報公開クリアリングハウスの情報発信に多くの知識を得て書かれています。特に、三木由希子理事長のブログは非常に参考にさせていただいています。三木さんからは、二〇〇六年に情報公開などについて教えをいただいて以来、ずっと色々なことを勉強させていただいています。この場をお借りして御礼を申し上げます。

本書は、前著に引き続き、集英社新書編集部の伊藤直樹氏に御世話になりました。また、私事ではありますが、常日頃から私の研究活動を支えてくれる妻の裕子に感謝します。

二〇一七年一二月八日

瀬畑　源

参考文献

青山英幸『アーカイブズとアーカイバル・サイエンス―歴史的背景と課題』岩田書院、二〇〇四年
浅井直人ほか『逐条解説 公文書管理法・施行令』(改訂版)、ぎょうせい、二〇一一年
安藤正人・久保亨・吉田裕編『歴史学が問う 公文書の管理と情報公開―特定秘密保護法下の課題』大月書店、二〇一五年
マックス・ウェーバー著、世良晃志郎訳『支配の社会学I』創文社、一九六〇年
宇賀克也『逐条解説 公文書等の管理に関する法律』(第三版)、第一法規、二〇一五年
宇賀克也『新・情報公開法の逐条解説:行政機関情報公開法・独立行政法人等情報公開法』(第六版)、有斐閣、二〇一四年
右崎正博・三宅弘編『情報公開を進めるための公文書管理法解説』日本評論社、二〇一一年
岡田克也『外交をひらく―核軍縮・密約問題の現場で』岩波書店、二〇一四年
荻野富士夫『戦後治安体制の確立』岩波書店、一九九九年
荻野富士夫『「戦意」の推移―国民の戦争支持・協力』校倉書房、二〇一四年
小田中聰樹『国防保安法の歴史的考察と特定秘密保護法の現代的意義』東北大学出版会、二〇一四年
会計検査院編・発行『会計検査院百年史』一九八〇年
海渡雄一・清水勉・田島泰彦編『秘密保護法 何が問題か―検証と批判』岩波書店、二〇一四年
久保亨・瀬畑源『国家と秘密―隠される公文書』集英社新書、二〇一四年

瀬畑源『公文書をつかう―公文書管理制度と歴史研究』青弓社、二〇一一年
瀬畑源「日本における秘密保護法制の歴史」『歴史評論』第七七五号、二〇一四年一一月
田島泰彦・清水勉編『秘密保全法批判―脅かされる知る権利』日本評論社、二〇一三年
田島泰彦「国会・裁判所の情報公開―立法と司法も透明性が求められている」『法学セミナー』第四四巻第一〇号、一九九九年一〇月
中野目徹・熊本史雄編『近代日本公文書管理制度史料集 中央行政機関編』岩田書院、二〇〇九年
藤井治夫『日本の国家機密』現代評論社、一九七二年
松岡資明『アーカイブズが社会を変える―公文書管理法と情報革命』平凡社新書、二〇一一年
森本祥子「日本のアーカイブズで家系調査は可能か―課題整理と可能性の模索」『海港都市研究』第五号、二〇一〇年三月

「源清流清―瀬畑源ブログ」http://h-sebata.blog.so-net.ne.jp/
「理事長ブログ」情報公開クリアリングハウス（三木由希子理事長）https://clearing-house.org/?cat=25

＊新聞記事の参照・引用はウェブのものを含みます。

瀬畑 源（せばた はじめ）

一九七六年東京都生まれ。一橋大学大学院社会学研究科特任講師を経て長野県短期大学准教授。一橋大学博士（社会学）。日本近現代政治史専攻。著書に『公文書をつかう　公文書管理制度と歴史研究』（青弓社）、共著に『国家と秘密　隠される公文書』（集英社新書）。共編著に『平成の天皇制とは何か　制度と個人のはざまで』（岩波書店）などがある。

公《こう》文《ぶん》書《しょ》問《もん》題《だい》　日《に》本《ほん》の「闇《やみ》」の核《かく》心《しん》

集英社新書〇九二〇A

二〇一八年二月二一日　第一刷発行

著者……瀬《せ》畑《ばた》　源《はじめ》

発行者……茨木政彦

発行所……株式会社集英社

東京都千代田区一ツ橋二-五-一〇　郵便番号一〇一-八〇五〇

電話　〇三-三二三〇-六三九一（編集部）
〇三-三二三〇-六〇八〇（読者係）
〇三-三二三〇-六三九三（販売部）書店専用

装幀……原　研哉

印刷所……大日本印刷株式会社　凸版印刷株式会社

製本所……加藤製本株式会社

定価はカバーに表示してあります。

ISBN 978-4-08-721020-0 C0231

Printed in Japan

政治・経済――A

集英社新書　好評既刊

社会――B

人が死なない防災	片田敏孝
イギリスの不思議と謎	金谷展雄
妻と別れたい男たち	三浦展
「最悪」の核施設 六ヶ所再処理工場	小出裕章／渡辺満久／明石昇二郎
ナビゲーション「位置情報」が世界を変える	山本昇
視線がこわい	上野玲
「独裁」入門	香山リカ
吉永小百合、オックスフォード大学で原爆詩を読む	早川敦子
原発ゼロ社会へ！ 新エネルギー論	広瀬隆
エリート×アウトロー 世直し対談	堀田力／玄秀盛
自転車が街を変える	秋山岳志
原発、いのち、日本人	浅田次郎／藤原新也 ほか
「知」の挑戦 本と新聞の大学Ⅰ	一色清／姜尚中 ほか
「知」の挑戦 本と新聞の大学Ⅱ	一色清／姜尚中 ほか
東海・東南海・南海 巨大連動地震	高嶋哲夫
千曲川ワインバレー 新しい農業への視点	玉村豊男
教養の力 東大駒場で学ぶこと	斎藤兆史
消されゆくチベット	渡辺一枝
爆笑問題と考える いじめという怪物	太田光／NHK「探検バクモン」取材班
部長、その恋愛はセクハラです！	牟田和恵
モバイルハウス 三万円で家をつくる	坂口恭平
東海村・村長の「脱原発」論	村上達也／神保哲生
「助けて」と言える国へ	奥田知志／茂木健一郎
わるいやつら	宇都宮健児
ルポ「中国製品」の闇	鈴木譲仁
スポーツの品格	桑田真澄／佐山和夫
ザ・タイガース 世界はボクらを待っていた	磯前順一
ミツバチ大量死は警告する	岡田幹治
本当に役に立つ「汚染地図」	沢野伸浩
「闇学」入門	中野純
100年後の人々へ	小出裕章
リニア新幹線 巨大プロジェクトの「真実」	橋山禮治郎
人間って何ですか？	夢枕獏 ほか

東アジアの危機「本と新聞の大学」講義録　一色 清／姜 尚中 ほか
不敵のジャーナリスト 筑紫哲也の流儀と思想　佐高 信
騒乱、混乱、波乱！ ありえない中国　小林史憲
なぜか結果を出す人の理由　野村克也
イスラム戦争 中東崩壊と欧米の敗北　内藤正典
刑務所改革 社会的コストの視点から　沢登文治
沖縄の米軍基地「県外移設」を考える　高橋哲哉
日本の大問題「10年後を考える」――「本と新聞の大学」講義録　一色 清／姜 尚中 ほか
原発訴訟が社会を変える　河合弘之
奇跡の村 地方は「人」で再生する　相川俊英
日本の犬猫は幸せか 動物保護施設アークの25年　エリザベス・オリバー
おとなの始末　落合恵子
性のタブーのない日本　橋本 治
ジャーナリストはなぜ「戦場」へ行くのか ―取材現場からの自己検証　危険地報道を考えるジャーナリストの会・編
医療再生 日本とアメリカの現場から　大木隆生
ブームをつくる 人がみずから動く仕組み　殿村美樹
「18歳選挙権」で社会はどう変わるか　林 大介

3・11後の叛乱 反原連・しばき隊・SEALDs　笠井 潔／野間易通
「戦後80年」はあるのか ――「本と新聞の大学」講義録　一色 清／姜 尚中 ほか
非モテの品格 男にとって「弱さ」とは何か　杉田俊介
「イスラム国」はテロの元凶ではない グローバル・ジハードという幻想　川上泰徳
日本人 失格　田村 淳
たとえ世界が終わっても その先の日本を生きる君たちへ　橋本 治
あなたの隣の放射能汚染ゴミ　まさのあつこ
マンションは日本人を幸せにするか　榊 淳司
人間の居場所　田原 牧
いとも優雅な意地悪の教本　橋本 治
世界のタブー　阿門 禮
明治維新150年を考える ――「本と新聞の大学」講義録　一色 清／姜 尚中 ほか
「富士そば」は、なぜアルバイトにボーナスを出すのか　丹 道夫
男と女の理不尽な愉しみ　林 真理子／壇 蜜
欲望する「ことば」「社会記号」とマーケティング　嶋 浩一郎／松井 剛
ぼくたちはこの国をこんなふうに愛することに決めた　高橋源一郎
ペンの力　浅田次郎／吉岡 忍

集英社新書　好評既刊

哲学・思想――C

「狂い」のすすめ	ひろさちや
偶然のチカラ	植島啓司
日本の行く道	橋本治
新個人主義のすすめ	林望
イカの哲学	中沢新一 波多野一郎
「世逃げ」のすすめ	ひろさちや
悩む力	姜尚中
夫婦の格式	橋田壽賀子
神と仏の風景「こころの道」	廣川勝美
無の道を生きる――禅の辻説法	有馬頼底
新左翼とロスジェネ	鈴木英生
虚人のすすめ	康芳夫
自由をつくる 自在に生きる	森博嗣
不幸な国の幸福論	加賀乙彦
創るセンス 工作の思考	森博嗣
天皇とアメリカ	吉見俊哉 テッサ・モーリス-スズキ
努力しない生き方	桜井章一
いい人ぶらずに生きてみよう	千玄室
不幸になる生き方	勝間和代
生きるチカラ	植島啓司
必生《ひっせい》 闘う仏教	佐々井秀嶺
韓国人の作法	金栄勲
強く生きるために読む古典	岡敦
自分探しと楽しさについて	森博嗣
人生はうしろ向きに	南條竹則
日本の大転換	中沢新一
実存と構造	三田誠広
空《くう》の智慧、科学のこころ	ダライ・ラマ十四世 茂木健一郎
小さな「悟り」を積み重ねる	アルボムッレ・スマナサーラ
科学と宗教と死	加賀乙彦
犠牲のシステム 福島・沖縄	高橋哲哉
気の持ちようの幸福論	小島慶子
日本の聖地ベスト100	植島啓司

a pilot of wisdom

続・悩む力	姜尚中
心を癒す言葉の花束	アルフォンス・デーケン
自分を抱きしめてあげたい日に	落合恵子
その未来はどうなの？	橋本治
荒天の武学	内田樹　光岡英稔
武術と医術　人を活かすメソッド	甲野善紀　小池弘人
不安が力になる	ジョン・キム
冷泉家　八〇〇年の「守る力」	冷泉貴実子
世界と闘う「読書術」　思想を鍛える一〇〇〇冊	佐高信　佐藤優
心の力	姜尚中
一神教と国家　イスラーム、キリスト教、ユダヤ教	内田樹　中田考
伝える極意	長井鞠子
それでも僕は前を向く	大橋巨泉
体を使って心をおさめる　修験道入門	田中利典
百歳の力	篠田桃紅
釈迦とイエス　真理は一つ	三田誠広
ブッダをたずねて　仏教二五〇〇年の歴史	立川武蔵
「おっぱい」は好きなだけ吸うがいい	加島祥造
イスラーム　生と死と聖戦	中田考
アウトサイダーの幸福論	ロバート・ハリス
進みながら強くなる　——欲望道徳論	鹿島茂
科学の危機	金森修
出家的人生のすすめ	佐々木閑
科学者は戦争で何をしたか	益川敏英
悪の力	姜尚中
生存教室　ディストピアを生き抜くために	内田樹　光岡英稔
ルバイヤートの謎　ペルシア詩が誘う考古の世界	金子民雄
感情で釣られる人々　なぜ理性は負け続けるのか	堀内進之介
永六輔の伝言　僕が愛した「芸と反骨」	矢崎泰久・編
淡々と生きる　100歳プロゴルファーの人生哲学	内田棟
若者よ、猛省しなさい	下重暁子
イスラーム入門　文明の共存を考えるための99の扉	中田考
ダメなときほど「言葉」を磨こう	萩本欽一
ゾーンの入り方	室伏広治

◆好評既刊

国家と秘密　隠される公文書

0759
A

久保 亨／瀬畑 源

情報公開の世界的な流れに逆行！
特定秘密保護法と公文書管理法の不徹底で、
葬られる知る権利、歴史、そして行政の責任！

国民の「知る権利」を軽んじ、秘密が横行する権力は絶対に暴走する——。第二次世界大戦敗戦直後の軍部による戦争責任資料の焼却指令から福島第一原発事故、南スーダンにおける自衛隊の日報をめぐる顛末等にいたるまで変わらない、情報を隠し続けて責任を曖昧にする国家の論理。この「無責任の体系」を可能にするものは何か？　本書はその原因が情報公開と公文書の管理体制の不備にあることをわかりやすく説明する。

そして、世界の情報公開の流れに完全に逆行した形で、二〇一三年末に可決された特定秘密保護法の問題点と今後を展望する。行政の責任を明確にし、歴史の真相を明らかにするための一冊。

定価：720円＋税

スノーデン　日本への警告

0876
A

エドワード・スノーデン
青木 理　井桁大介　金昌浩
ベン・ワイズナー　マリコ・ヒロセ　宮下 紘

携帯はあなたの情報を政府に知らせています。
世界を震撼させた元情報局員が
わかりやすく解説する超監視社会の脅威

二〇〇一年九月一一日のアメリカ同時多発テロ事件以降、テロ防止の名の下に、アメリカ政府は技術発展の著しいインターネットを通じた大規模な監視体制を構築していた。ところが対象となっていたのはテロリストだけではなく全世界の一般市民すべてだった……。

二〇一三年六月、これらの事実を暴露したのが元情報局員のスノーデンである。権力が際限のない監視を行い、それが秘密にされるとき、権力の濫用と腐敗が始まる。

本書では、日本人に向け、今起きている深刻な事態や権力を監視するための方途をスノーデンが明快に解説。後半はスノーデンの顧問弁護士やムスリム違法捜査を追及する弁護士、公安事件に詳しいジャーナリストら、日米の精鋭が、議論を多角的に深める。警世の一冊。

定価：720円＋税